Ulrich Fischer
Konfirmanden gestalten Gottesdienst

calwer

Ulrich Fischer

Konfirmanden gestalten Gottesdienst

30 Beispiele für die Praxis

Calwer Verlag Stuttgart

Den Kirchheimer Konfirmandinnen
und Konfirmanden

CIP-Titelaufnahme der Deutschen Bibliothek

Fischer, Ulrich:
Konfirmanden gestalten Gottesdienst : 30 Beispiele für die
Praxis / Ulrich Fischer. - Stuttgart : Calwer Verl., 1991
ISBN 3-7668-3122-4

Umschlaggestaltung: Hans-Eduard Franke, Stuttgart
Titelbild: Werner G. Höhr, Heidelberg
Gesamtherstellung: Kösel, Kempten

Inhalt

Vorwort

Konfirmandinnen und Konfirmanden im Gottesdienst – das ist ein Thema, mit dem sich für alle davon Betroffenen manch leidvolle Erfahrungen verbinden: KonfirmandInnen empfinden die zur Pflicht gemachte Teilnahme am sonntäglichen Gemeindegottesdienst fast immer als lästig, würden sie doch lieber am Sonntagmorgen einmal richtig ausschlafen oder auch im Sportverein aktiv sein und erleben sie doch den Gottesdienst zumeist als ein fremdartiges Geschehen, das sie nicht verstehen und in dem sie mit ihren Fragen und Problemen nur sehr selten vorkommen.
Die gottesdienstliche Gemeinde ihrerseits erlebt die Teilnahme der KonfirmandInnen am Gottesdienst nicht gerade als Bereicherung des gottesdienstlichen Geschehens, eher schon als störend, nehmen die KonfirmandInnen doch an der Liturgie des Gottesdienstes und am Singen der Gemeinde kaum aktiv Anteil und »bereichern« sie doch so manche Predigt oft nur durch unaufmerksames Verhalten oder durch störendes Kichern. Kirchendiener und Kirchenälteste sehen es deshalb oft als ihre Aufgabe an, während des Gottesdienstes disziplinierend auf KonfirmandInnen einzuwirken, was die Freude am Gottesdienst seitens der KonfirmandInnen und die Konzentration auf das gottesdienstliche Geschehen seitens der Gemeinde nicht gerade fördert.
In einer eigenartigen Lage befinden sich die PfarrerInnen, die während der Woche die KonfirmandInnen im Unterricht erleben und es durchaus bisweilen schaffen, diesen Unterricht so lebendig, abwechslungsreich und phantasievoll zu gestalten, daß er keine Erinnerungen an Schule mehr weckt und der/die Unterrichtende nicht als LehrerIn empfunden wird – eher schon als BegleiterIn im Glauben. Im sonntäglichen Gottesdienst nun müssen aber dieselben PfarrerInnen sehr oft disziplinierend und lehrerhaft auf die KonfirmandInnen einwirken, soll das gottesdienstliche Geschehen nicht nachhaltig durch jugendlich-übermütiges Verhalten gestört werden.
Ist also mit der Teilnahme von KonfirmandInnen am Gottesdienst immer die Gefahr verbunden, entweder den Gottesdienst störungsfrei zu gestalten um den Preis einer dem Gottesdienst nicht angemessenen Disziplinierung der KonfirmandInnen oder in der Kirche als einem Raum der Freiheit unangemessene Störungen des Gottesdienstes durch gelangweilte KonfirmandInnen in Kauf zu nehmen, so tun sich zwei Wege aus dieser Gefahr auf: Entweder verzichtet man ganz oder zeitweise auf die Teilnahme von KonfirmandInnen am sonntäglichen Gottesdienst, oder man investiert viel Phantasie in eine konfirmandengemäße Gestaltung dieses Gottesdienstes.
Ein völliger Verzicht auf eine verpflichtende Teilnahme von KonfirmandInnen am Gottesdienst ist sicherlich nicht ratsam, denn damit würde zum einen eine große Chance vertan, KonfirmandInnen mit gottesdienstlichem Geschehen vertraut zu machen, zum anderen würden KonfirmandInnen dann gar nicht erfahren

können, daß das Feiern des Gottesdienstes eine wichtige Ausdrucksform christlichen Glaubens ist. Anders verhält es sich mit der Möglichkeit, zeitweise auf die Pflicht zur Teilnahme am Gottesdienst zu verzichten. Nach einer häufig gemachten Beobachtung erhöht sich die Freude am Gottesdienst bei KonfirmandInnen spürbar, wenn sie nicht jeden Sonntag den Gottesdienst besuchen müssen. Bewährt hat sich die Praxis, zu Beginn der Konfirmandenzeit einen Gottesdienstplan zu erstellen, der die »Pflichtsonntage« ausweist, so daß die KonfirmandInnen durch die Teilnahme an diesen Gottesdiensten verschiedene Modelle gottesdienstlichen Feierns miterleben können (Hauptgottesdienst mit und ohne Taufe, Gesamtgottesdienst, Familiengottesdienst, Festgottesdienst anläßlich großer Feiertage oder Kirchenfeste).
Wichtiger aber noch als solch eine differenzierte Gottesdienstpflicht erscheint die Aufgabe, KonfirmandInnen durch die Gestaltung ihnen gemäßer Gottesdienste mit dem gottesdienstlichen Geschehen vertraut zu machen und sie in dasselbe einzubeziehen. Solche »Konfirmandengottesdienste« müssen ihren Platz natürlich am Sonntagmorgen haben, dürfen also nicht als Sondergottesdienste mißverstanden und abgestempelt werden. Sie sind einerseits der Versuch, KonfirmandInnen mit ihren Fragen, Problemen und Antworten ernst zu nehmen und im Gottesdienst zur Sprache kommen zu lassen, andererseits bieten sie für die Gemeinde und für die PfarrerInnen Gelegenheit, sich selbst als mit den KonfirmandInnen gemeinsam nach Antworten des Glaubens suchend zu erfahren. So können Konfirmandengottesdienste dazu beitragen, die Grenze zwischen vermeintlich im Glauben Fertigen und den unfertigen Jugendlichen einzureißen und sich als Gemeinde der Glauben Lernenden zu erleben. Mit dem Niederreißen dieser Grenze werden auch alle Notwendigkeiten zu disziplinierendem und damit Gemeinschaft zerstörendem Handeln im Gottesdienst aufgehoben. Der Gottesdienst mit KonfirmandInnen kann zu dem werden, was er sein sollte: ein gemeinsames Feiern und Tun der Gemeinde, die sich im Namen des Vaters, des Sohnes und des Heiligen Geistes versammelt hat, um ihrem stets unfertigen Glauben Ausdruck zu verleihen und sich neue Kräfte für den Weg des Glaubens schenken zu lassen.
Vor diesem Hintergrund sind die vorliegenden Konfirmandengottesdienste zu verstehen, die in den zurückliegenden zwölf Jahren zum größten Teil in der Blumhardtgemeinde Heidelberg-Kirchheim und zum kleineren Teil in der Kirchengemeinde Sandhausen gemeinsam mit KonfirmandInnen entwickelt, vorbereitet und gestaltet wurden. Zwei Grundsätze waren bei Planung und Gestaltung dieser Gottesdienste maßgebend:
1. Das liturgische Schema des sonntäglichen Haupt- bzw. Gesamtgottesdienstes (eventuell mit Taufe) sollte im Blick auf die Gewohnheiten der gottesdienstlichen Gemeinde und im Blick auf das beabsichtigte Vertrautwerden der KonfirmandInnen mit der »Normalliturgie« nicht verändert werden, vielmehr sollten die vielfältigen Möglichkeiten einer »schmiegsamen Liturgie« (F. Schulz) genutzt werden.
2. Die Vorbereitung der Konfirmandengottesdienste sollte keinen zeitlichen Aufwand verursachen, der wesentlich über den Konfirmandenunterricht hinausging. Das bedeutete, daß die Konfirmandengottesdienste in engstem inhaltlichen Zusammenhang zu den Themen des Konfirmandenunterrichts standen, meist bilde-

ten sie die abschließende Konkretisierung oder Zusammenfassung eines Themenkomplexes. Eine Doppelstunde (oder bei zwei Konfirmandengruppen zwei Doppelstunden) und eine Probe am Samstag vor dem Konfirmandengottesdienst (sehr wichtig sind Sprechproben!), bisweilen auch ein Nachmittag im Rahmen eines Konfirmandenwochenendes reichten für die Vorbereitung dieser Gottesdienste aus, hinzu kam natürlich die eigene Vorbereitung für Liedauswahl, Gebete, Anfertigung von kurzen Ansprachen und Erstellung des Gesamtablaufes.
Die vorgelegten Konfirmandengottesdienste wurden sämtlich in der Form abgehalten, wie sie hier gedruckt vorgelegt werden. Es wurden also keine Nachbesserungen vorgenommen. So wird vielleicht am besten deutlich, daß Konfirmandengottesdienste in besonderer Weise Werkstatt-Charakter haben und damit etwas abbilden von der Werkstatt des Glaubens, in der wir als PfarrerInnen gemeinsam mit der Gemeinde Bauleute sind auf dem Grund, der gelegt ist, welcher ist Jesus Christus.

I. Gottesdienste zum Themenkreis »Taufe und Konfirmation«

Taufe und Konfirmation bilden in ihrer Bezogenheit aufeinander eine Stütze der derzeitigen volkskirchlichen Situation, und beide Amtshandlungen haben teil an der Ambivalenz dieser Situation, d. h., sie bieten Chancen einer positiven Begegnung mit Kirche, aber sie sind auch der Gefahr eines Mißbrauchs durch bloßes Konsumdenken ausgesetzt. Während einer Konfirmandenzeit wird dieser ambivalente Charakter von Taufe und Konfirmation auch vielen KonfirmandInnen bewußt, und es bietet sich von daher geradezu an, dieses gewachsene Bewußtsein der KonfirmandInnen einerseits der sonntäglichen Gemeinde und andererseits Taufeltern und Paten als Spiegel ihres eigenen kirchlichen Selbstverständnisses vorzuführen und damit einen Beitrag zur Bewußtseinsänderung innerhalb der Volkskirche zu leisten. Konfirmanden-Taufgottesdienste können also in besonders eindrucksvoller Weise volkskirchliche »Irrwege« und Möglichkeiten der Umkehr aufzeigen.

Taufe: Ich gehöre dazu

In der letzten Konfirmandenstunde vor dem Tauf-Konfirmandengottesdienst wurde der Film »Taufe« gezeigt (erhältlich bei den Medienstellen). Dieser eindrucksvolle Film schildert die Geschichte des kleinen Alfredo, der seine Eltern beim Brand eines Hauses verloren hat und dessen Gesicht durch Narben furchtbar entstellt ist. Alfredo findet in der Gemeinschaft eines christlich geführten Waisenheimes Aufnahme: Er wird »getauft«. Dieser Film steht im Mittelpunt des Taufgottesdienstes.

Gottesdienstverlauf

Orgelvorspiel

Eingangslied
152 Ich bin getauft

Votum

Spruch
Die der Geist Gottes treibt, die sind Gottes Kinder.
Ehre sei dem Vater...

Eingangsgebet
Gott, unser Vater,
deine Kinder sind wir. Zu dir dürfen wir Vertrauen haben. Dich dürfen wir anrufen. Du begleitest uns und schützt uns.
Wir aber irren umher – vaterlos, auf der Suche nach Geborgenheit, lebend in einer vaterlosen Gesellschaft.
Gott, unser Vater, schenke uns neu das kindliche Vertrauen zu dir. Nimm uns unseren hochmütigen Drang zur Selbständigkeit, damit wir uns dir anvertrauen.
Kyrie eleison...

Gnadenspruch
Hört den Trost des Evangeliums: Ihr habt den Geist der Kindschaft empfangen, durch den wir zu Gott rufen: Abba, lieber Vater.
Ehre sei Gott in der Höhe...

Lobvers
Lobsingt dem Herrn und preist seine Gnade: 176,7

Lesung des Kinderevangeliums Mk 10 (Konfirmand)

Film »Taufe« *wird gezeigt* (Dauer: 8 Minuten)

Interpretation des Filmes durch KonfirmandInnen
Dieser Film handelt von einem Jungen, dem sein Elternhaus abgebrannt ist und der als einziger überlebt hat. Er hat es schwer in seinem Leben, in eine Gemeinschaft hineinzugelangen. Er sieht die Geborgenheit der Gemeinschaft und das Glück, von jemandem geliebt zu werden, von ferne, doch die Tür schließt sich vor ihm. Er muß das Glück der anderen durch Gitter sehen. Eines Tages öffnet sich für ihn die Tür, und er wird in die Gemeinschaft der Kinder aufgenommen.
Alfredo war ein Außenseiter. Er wollte gern zur Gemeinschaft der Jungen gehören. Er wollte, weil er seine Familie verloren hatte, zu jemandem gehören. Er suchte die Geborgenheit der Gemeinschaft. Die anderen Jungen ließen Alfredo nicht im Stich und kümmerten sich um ihn. Sie zeigten ihm dabei, daß er ein Recht auf Leben hat.
Durch den Satz »Du bist mein Bruder« wird Alfredo in die Gemeinschaft aufgenommen. Dieser Satz war für ihn wie eine Taufe. Weil er angenommen worden war in der Gemeinschaft, bedeutete dies für ihn neues Leben. Nun gehörte er als Bruder zur Gemeinschaft der anderen, er gehörte zu Jesus, so wie jemand durch die Taufe zu Jesus gehört. In der Taufe werden wir als Brüder anerkannt, auch die Außenseiter, auch die Menschen, die vielleicht von ihren Mitmenschen nicht voll akzeptiert werden.
Durch die Taufe wird gesagt: Wenn die Lage auch noch so aussichtslos ist, Gottes Wege sind überall. Gott nimmt auch die Kränksten unter den Kranken in seiner Gemeinschaft auf, er gibt ihnen Essen, Trinken und ein Zuhause

Taufhandlung unter Mitwirkung der KonfirmandInnen

Tauflied
Ein kleines Kind, du großer Gott (in: Angang '77 [Badischer und Pfälzischer Anhang], Nr. 820; Singt und dankt [Rhein. Anhang], Nr. 663)

Predigt

Liebe Gemeinde, dieser Alfredo – ein armer Junge. Ein armer, bemitleidenswerter Junge. So ganz allein – entstellt durch seine Wunden, ohne Freunde, ohne Familie, ohne Vater. Dieser Alfredo – ein armer Junge, dem unser Mitleid gilt.
Und doch ist dieser Alfredo für mich mehr. Wie er da so umherirrt – auf der Suche nach Geborgenheit, auf der Suche nach einem schützenden Vater –, erscheint mir Alfredo wie eine Symbolfigur für unsere Zeit. Wir sprechen ja heute von der vaterlosen Gesellschaft, und dies ist nicht nur eine Phrase. Die Alfredos unserer Tage, das sind die Kinder in den Städten und Ballungsräumen, umherirrend zwischen den Betonklötzen, auf der Suche nach etwas Luft zum Atmen und etwas Raum zum Spielen. Die Alfredos unserer Tage, das sind die Schlüsselkinder, die nach ihrer Schule vor verschlossenen Haustüren stehen und sich nach Eltern sehnen, die sich um sie kümmern und für sie Zeit haben. Die Alfredos unserer Tage, das sind die jungen Menschen, die leiden unter den Widersprüchen unserer verrückten Zeit, an den Widersprüchen von Hunger und Übersättigung, von Fortschritt und Verfall, von Friedenssehnsucht und Unfrieden, und die auf der Suche sind nach einem letzten Sinn. Die Alfredos unserer Tage, das sind Menschen, denen der Glaube an den väterlichen Gott verlorengegangen ist durch Kummer und Leid. Die Alfredos unserer Tage, das sind die Menschen, die sich in der Kirche nicht mehr geborgen fühlen, denen die Kirche entweder zu politisch oder zu verstaubt ist. Die Alfredos unserer Tage, das sind Menschen auf der Suche, Menschen ohne Vater, der ihnen Halt und Geborgenheit schenkt. Menschen in unserer vaterlosen Gesellschaft.
Aber die Geschichte von Alfredo geht ja noch weiter. Alfredo findet einen Vater. Sein Suchen kommt ans Ziel. Sein Umherirren findet ein Ende. Alfredo findet eine Gemeinschaft, in der er sich geborgen fühlt. Gilt dies auch für die Alfredos unserer Tage? Sicher ist es nicht damit getan, sich aus unserer vaterlosen Gesellschaft zurückzuziehen auf eine Insel der Seligen, auf das Gebiet des Glaubens. Verinnerlichter Glaube an einen väterlichen Gott kann die schlimme Erfahrung der Vaterlosigkeit in unserer Gesellschaft nicht wirklich überwinden. Zum Glauben an Gott, den Vater, muß das Bemühen treten, in unserer Gesellschaft Strukturen zu verändern, die das Gefühl der Vaterlosigkeit vermitteln. Und genau an dieser Stelle hat die christliche Gemeinde, hat die Taufe als Aufnahme in diese Gemeinde ihren Sinn: Den vaterlosen Alfredos unserer Zeit wird in der Taufe zugesagt: Gott liebt dich mit seiner ganzen väterlichen Liebe. Du wirst ein Bruder der Kinder Gottes. Als getaufter Mensch ist der Alfredo unserer Tage nicht mehr vaterlos. Er ist hineingenommen in die Gemeinschaft der Kinder Gottes. Und in dieser Gemeinschaft entwickelt der Glaube an Gott, den Vater, Kraft; Kraft zur Veränderung der vaterlosen Gesellschaft; Kraft zur Überwindung der Widersprüche, die uns verzweifeln lassen am Sinn des Lebens.
Ihr KonfirmandInnen habt am vergangenen Wochenende erlebt, wie sich in unserer Gemeinschaft Freude und Geborgenheit ereignet haben. Und ich denke,

auch Eure Eltern haben etwas von dieser Freude und Geborgenheit gespürt, als sie Euch am Sonntag abholten. Die Aufnahme in die Gemeinschaft der Christen bedeutet also keinen Rückzug in eine innere, geistliche Welt, die noch in Ordnung ist, sondern in der Gemeinschaft der Christen machen wir Erfahrungen mit Gott, unserem Vater, Erfahrungen, die uns ermutigen, auch außerhalb der Gemeinde gegen die Vaterlosigkeit unserer Zeit anzukämpfen. Die Gemeinde Jesu Christi ist der einzige Sauerteig, der die Vaterlosigkeit unserer Zeit noch überwinden kann.
Wie komme ich zu solch einer kühnen Aussage? Ich komme dazu, weil Christen auf der ganzen Welt in der Gemeinschaft der Christen vielfältige Erfahrungen mit Gott, dem Vater, gemacht haben und machen. In jedem Gottesdienst beten wir, wie Jesus uns gelehrt hat, »Vater unser im Himmel«. Wir wissen, daß wir im letzten nicht um unser Leben sorgen müssen, weil unser himmlischer Vater für uns sorgt, wie er für die Lilien auf dem Felde sorgt. Wir nennen uns Gottes Kinder, weil wir durch unseren Bruder Jesus Zugang zu Gott bekommen haben. Voller Vertrauen beten wir zu diesem Gott: »Abba, lieber Vater.« Und wir wissen: Hier gibt es einen, der hält seine Arme offen, wie es der Vater im Gleichnis vom verlorenen Sohn getan hat. Und weil wir Christen dies wissen, können wir die Vaterlosigkeit unserer Zeit nicht einfach hinnehmen. Die väterliche Liebe, die wir erstmals in der Taufe empfangen haben und später in der Gemeinschaft der Christen erfahren haben, geben wir weiter, damit Menschen in unserer vaterlosen Gesellschaft wieder etwas von Gottes väterlicher Liebe erfahren. So durchdringen wir als Christen wie ein Sauerteig unsere vaterlose Zeit mit Gottes väterlicher Liebe.

Ins Wasser fällt ein Stein, ganz heimlich still und leise,
und ist er noch so klein, er zieht doch weite Kreise.
Wo Gottes große Liebe in einen Menschen fällt,
da wirkt sie fort in Tat und Wort hinaus in unsre Welt.

Ein Funke, kaum zu sehn, entfacht doch helle Flammen,
und die im Dunkeln stehn, die ruft der Schein zusammen,
wo Gottes große Liebe in einem Menschen brennt,
da wird die Welt vom Licht erhellt, da bleibt nichts, was uns trennt.

Nimm Gottes Liebe an. Du brauchst dich nicht allein zu mühn;
denn seine Liebe kann in deinem Leben Kreise ziehn.
Und füllt sie erst dein Leben und setzt sie dich in Brand,
gehst du hinaus, teilst Liebe aus, denn Gott füllt dir die Hand.
Amen.

Lied

Fürbittgebet

Vaterunser

Segen

Warum eigentlich Konfirmation?

Gottesdienstverlauf

Eingangsliturgie bis zum Kollektengebet wie üblich

PfarrerIn eröffnet den Predigtteil:
Liebe Familie R., liebe KonfirmandInnen, liebe Gemeinde!
Heute feiern wir in diesem Gottesdienst die Taufe von Benedikt Hans-Jakob R., in drei Wochen feiern wir mit unseren KonfirmandInnen das Fest der Konfirmation. Sicherlich ist der zeitliche Zusammenhang zwischen diesen beiden Feiern zufällig, inhaltlich aber besteht ein unlösbarer Zusammenhang zwischen beiden Ereignissen: Die Taufe des kleinen Benedikt erinnert die KonfirmandInnen – wie alle Getauften – an den Grund unseres Christseins, damit auch an die Grundlagen unserer Konfirmationspraxis; die Mitwirkung der KonfirmandInnen in diesem Gottesdienst erinnert Sie, liebe Familie R. – wie auch alle, die für getaufte Kinder Verantwortung tragen –, an die Konsequenzen der Taufe. Taufe und Konfirmation sind wechselseitig aufeinander bezogen: Die Taufe ist der Grund der Konfirmation, die Konfirmation ist die Konsequenz der Taufe, genauer: der Kindertaufe. Konfirmation ohne Taufe ist unmöglich, Kindertaufe ohne Konfirmation ist unvollständig. Konfirmation ohne Taufe ist unbegründet, Taufe ohne Konfirmation ist inkonsequent. Deshalb ist es wichtig, daß wir uns, wenige Wochen vor der Konfirmation, an den Grund dieses Festes erinnern, und deshalb ist es für Sie, also die Eltern und Paten, wichtig, schon bei der Taufe Ihres Sohnes die Konsequenzen dieser Taufe zu bedenken. Dieses wechselseitige Erinnern beginnt damit, daß die KonfirmandInnen uns darstellen, wie sie die Konfirmandenzeit erlebt haben. Sie tun dies, indem sie uns einen Brief vorlesen, den sie während der Konfirmandenfreizeit am vergangenen Wochenende an die KonfirmandInnen unserer künftigen Partnergemeinde in Südafrika geschrieben haben. Eine Konfirmandin liest diesen Brief vor:

Liebe Konfirmanden in Südafrika,
diesen Brief schreiben wir Euch, um Euch mitzuteilen, wie es uns in unserer Konfirmandenzeit erging.
Der Konfirmandenunterricht begann im September 1986, und am 5. April 1987 werden wir in unserer Kirche konfirmiert. Es ging sehr locker zu: Wir durften sagen, was wir dachten, und hatten deshalb keine Angst. Strafen gab es nicht! Wir fühlten uns nicht wie in der Schule, oft war es lustig. Die Lieder, die wir zur Gitarre gesungen haben, waren auf unser Alter abgestimmt. Besonderen Spaß hatten wir auf unseren Freizeiten, die aber länger hätten sein können, bei der Fahrrad-Rallye durch unsere Gemeinde, bei der Mitgestaltung von Gottesdiensten, bei Vorführungen von Filmen, bei Rollenspielen und bei einem Abendmahl, das nur von unserer Konfirmandengruppe gehalten wurde.
Viel Freude machte es auch, für einen Gottesdienst ein großes Netz zu knüpfen und es im Altarraum aufzuhängen. Es wird auch bei unserer Konfirmation dort befestigt sein.

Folgende Themen haben wir behandelt: Taufe, Ökumene, Evangelisch-Katholisch, Gemeinde, Abendmahl, Gottesdienst und Bibel.
Nicht alle Themen fanden Begeisterung. Manche von uns meinten, daß das Thema Ökumene zu lang gewesen sei, anderen gefiel nicht die Behandlung des Themas »Wasser der Taufe«. Durch die Themen bekamen wir einen anderen Standpunkt, auch haben wir etwas fürs Leben gelernt.
Fandet Ihr das Auswendiglernen im Konfirmandenunterricht genauso langweilig und überflüssig wie wir? Aber was wir auswendig lernen mußten, hielt sich eigentlich in Grenzen. Das gleiche gilt für die Gottesdienste. Wir mußten nicht jeden Sonntag zum Gottesdienst, sondern wir hatten einige Pflichtgottesdienste, die zum Teil abwechslungsreich, aber manchmal auch langweilig waren (am meisten die Predigten).
Durch den Konfirmandenunterricht haben wir auch neue Freunde gewonnen. Wir haben Schüler aus anderen Schulen kennengelernt. Auch von unserem Pfarrer haben wir nun ein schärferes Bild.
An der Konfirmation fanden wir das Wichtigste, zur Gemeinde zu gehören. Auch, daß wir nun Pate werden und ein Kind im Notfall taufen können. Der schwerwiegendste Punkt aber war, daß wir das Ja, das unsere Eltern für uns bei der Taufe gesagt haben, durch unsere Konfirmation selbst bestätigen und unseren Glauben bekennen können. Für unseren »großen Tag« hoffen wir, daß alles gut klappt. Auf eine baldige Antwort hoffend, grüßen Euch
die 28 Konfirmanden der Blumhardt-Gemeinde in Heidelberg-Kirchheim.

Pfr.: Im Schlußabschnitt dieses Briefes klang bereits ein Gedanke an, der für die Bestimmung des Verhältnisses von Taufe und Konfirmation grundlegend ist: Die Konfirmation ist das Ja des erwachsenen Christen zu seiner Taufe. Der Konfirmandenunterricht soll auf dieses Ja zur Taufe vorbereiten, ist also nichts anderes als nachgeholter Taufunterricht. Durch diesen Unterricht sollen die KonfirmandInnen zu einem möglichst ehrlichen, möglichst freiwilligen Ja zu ihrer in der Kindheit vollzogenen Taufe geführt werden. Wenn dieser Unterricht aber wirklich erfolgreich sein soll, muß er aufbauen können auf dem, was den getauften Kindern durch Eltern und Paten, durch Erzieherinnen und Lehrer, durch Pfarrer und Gemeinde seit ihrer Taufe mitgegeben wurde. Nur wenn im Elternhaus, im Kindergarten, in der Schule und in der Gemeinde ein Fundament in der Unterweisung der getauften Kinder gelegt ist, kann der Konfirmandenunterricht als nachgeholter Taufunterricht wirklich zu einem begründeten und ehrlichen Ja zur Taufe hinführen. An dieser Stelle wird deutlich, daß nur allzuoft diese Verantwortung nicht ausreichend wahrgenommen wird, so daß auch ein Konfirmandenunterricht nicht mehr das nachholen kann, was jahrelang versäumt wurde.
Dennoch überrascht es mich in jedem Jahr wieder, wie ernst viele KonfirmandInnen ihre Konfirmation nehmen. Ich stelle fest, daß die Konfirmation den meisten wirklich sehr viel bedeutet. Was sie ihnen bedeutet, darüber haben wir uns auf der Freizeit Gedanken gemacht. Hier einige ausgewählte, repräsentative Antworten:

Konf. A: Für mich ist die Konfirmation mein eigenes Ja zur Taufe.

Konf. B: Für mich ist die Konfirmation Abschluß meiner Konfirmandenzeit, ein Abschluß, der fröhlich sein soll, der aber auch traurig ist, weil wir uns trennen.

Konf. A: Für mich ist die Konfirmation Aufnahme in die Gemeinde als vollwertiges Gemeindeglied.

Konf. B: Für mich ist die Konfirmation ein wichtiger Schritt zur Festigung meines Glaubens.

Konf. A: Für mich ist die Konfirmation ein bedeutender Lebensabschnitt: Das Ende der Kindheit ist erreicht, wir werden erwachsen.

Konf. B: Für mich ist die Konfirmation ein Fest, bei dem sich die Familie und die Verwandten wiedersehen.

Konf. A: Für mich ist die Konfirmation eine lohnende Angelegenheit: Es gibt Geld und viele Geschenke.

Konf. B: Für mich ist die Konfirmation ein riesiges Theater und ein Streß für die Familie.

Pfr.: Für mich ist die Konfirmation jedes Jahr wieder ein Ziel, auf das ich mich freue, aber auch ein Ereignis, bei dem ich mich frage, ob es eigentlich einen Sinn hat.

Aus diesen Antworten wird schon deutlich, daß sich in der Konfirmation heute zwei verschiedenartige Aspekte überlagern: Auf der einen Seite ist die Konfirmation die persönliche Konsequenz, die ein junger Mensch aus seiner Taufe zieht, auf der anderen Seite aber ist die Konfirmation ein großes familiäres und gesellschaftliches Ereignis, dessen kirchliche und religiöse Bedeutung oft in den Hintergrund tritt. Für KonfirmandInnen ist es wirklich nicht leicht, sich in der Konfirmation auf ein freiwilliges und ehrliches Ja zur Taufe einzustellen, viel zu sehr werden sie durch familiäre und gesellschaftliche Zwänge fremdbestimmt. Und demgemäß sind auch die Gründe für die Konfirmation unter KonfirmandInnen sehr verschiedenartig. Da findet man zum einen durch familiäre und gesellschaftliche Zwänge bedingte Gründe für die Konfirmation, wenn KonfirmandInnen zum Beispiel sagen:

Konf. A: Ich lasse mich konfirmieren, weil es so Tradition ist.

Konf. B: Ich lasse mich konfirmieren, weil es meine Eltern wollen.

Konf. A: Ich lasse mich konfirmieren, weil alle sich konfirmieren lassen.

Konf. B: Ich lasse mich konfirmieren, weil ich im Mittelpunkt einer großen Feier stehen will.

Pfr.: Daneben findet man Gründe des Glaubens für die Entscheidung zur Konfirmation:

Konf. A: Ich lasse mich aus freiem Entschluß konfirmieren.

Konf. B: Ich lasse mich konfirmieren, damit ich informiert werde darüber, was in der Kirche geschieht.

Konf. A: Ich lasse mich konfirmieren, weil ich die Gemeinde und Freunde kennenlernen möchte.

Konf. B: Ich lasse mich konfirmieren, weil ich Verantwortung in der Gemeinde übernehmen will.

Konf. A: Ich lasse mich konfirmieren, weil ich wie ein richtiger Christ an Gott glauben möchte.

Pfr.: In diesem Miteinander und Ineinander von sehr äußerlichen Gründen und von Überzeugungsgründen vollziehen wir Jahr für Jahr das Fest der Konfirmation und auch so manches Fest der Taufe. Dieses zu wissen heißt für uns alle, soweit als möglich, die heranwachsenden Christen von äußerlichem Druck zu befreien, der ihnen ein ehrliches Ja zur Taufe schwermacht. Dieses zu wissen heißt für die Gemeinde, besonders aber auch für die Eltern und Paten getaufter Kinder, ihnen frühzeitig etwas vom eigenen Glauben weiterzugeben, ihnen frühzeitig den Wert und die Bedeutung ihrer Taufe zu verdeutlichen, ihnen frühzeitig durch die eigene Lebenspraxis klarzumachen, daß die Taufe nicht ohne Konsequenzen im Alltag des Lebens bleiben darf.
Wenn Sie, liebe Eltern und Paten, dies tun, dann dürfen Sie sich darauf verlassen, daß in Ihrem Kind eine Glaubensüberzeugung heranreifen kann, aus der heraus sein Ja zur Taufe einmal ehrlich und freiwillig gesprochen wird. Daß Ihnen dies gelingen möge, dazu helfe Ihnen der Gott, in dessen Namen Ihr Kind getauft wird.
Amen.

Mit meinem Gott kann ich über Mauern springen (Ps 18,30)

Zur Vorbereitung wurden die beiden abgebildeten Karikaturen (Konfirmandenbuch »Leben entdecken«, S. 4 + 8) mit den KonfirmandInnen besprochen und in Bezug zu ihrer eigenen Lebenssituation gesetzt. Ferner wurden für die Täuflinge kleine Strickleitern gebastelt, an deren Sprossen ihre Taufsprüche befestigt wurden. Diese Strickleitern wurden dann von den KonfirmandInnen an die Täuflinge bzw. deren Eltern und Paten weitergegeben. Die Lieder »Ich möcht, daß einer mit mir geht« und »Ich werfe meine Fragen hinüber« wurden von der Konfirmandengruppe eingeübt und im Verlauf des Gottesdienstes mit der Gemeinde zusammen gesungen. Alle GottesdienstbesucherInnen erhielten am Eingang folgendes Blatt:

Konfirmanden- und Taufgottesdienst

am Sonntag, 11. Oktober 1987
in der evangelischen Peters-Kirche
zu Heidelberg-Kirchheim

»Mit meinem Gott kann ich über Mauern springen«

Psalm 18 (gemeinsam gebetet)
Herzlich lieb habe ich dich, Herr, meine Stärke! Herr, mein Fels, meine Burg, mein Erretter; mein Gott, mein Hort, auf den ich traue, mein Schild und Berg meines Heiles und mein Schutz!
Es umfingen mich Bande des Todes, und die Fluten des Verderbens erschreckten mich.
Als mir angst war, rief ich den Herrn an und schrie zu meinem Gott.
Da erhörte er meine Stimme von seinem Tempel, und mein Schreien kam vor ihn zu seinen Ohren.
Er streckte seine Hand aus von der Höhe und faßte mich und zog mich aus großen Wassern.
Er führte mich hinaus ins Weite, er riß mich heraus; denn er hatte Lust zu mir.
Ja, du machst hell meine Leuchte, der Herr, mein Gott, macht meine Finsternis licht.
Mit meinem Gott kann ich über Mauern springen.

Gottesdienstverlauf

Lied: Ein Kind ist angekommen

2. Wir beten für die Eltern. Sie brauchen das Gebet.
Sie leben alle davon, daß Gott mit ihnen geht.
Sie leben alle davon, daß Gott mit ihnen geht.

3. Wir wollen diesem Kinde recht gute Freunde sein
und laden es mit Freude in die Gemeinde ein.
Und laden es mit Freude in die Gemeinde ein.

4. Wir werden ihm auch sagen, wie lieb Gott alle hat.
Wir sagen es mit Worten und sagen's mit der Tat.
Wir sagen es mit Worten und sagen's mit der Tat.

5. Gott nimmt das Kind beim Taufen in die Gemeinde auf.
In Jesu Christi Namen beginn' sein Lebenslauf.
In Jesu Christi Namen beginn' sein Lebenslauf.

Votum

Eingangsspruch
Ps 18 gemeinsam mit der Gemeinde gesprochen

Eingangsgebet
Mein Gott.
Immer wieder gibt es auf meinem Lebensweg
Schwierigkeiten und Hindernisse:
Krankheiten und Behinderungen,
Konflikte und Zerwürfnisse mit Menschen in
meiner Nähe,
Probleme im Beruf und in der Familie,
Leid und Tod.
All dies erlebe ich wie Mauern, die ich allein nicht übersteigen kann,
wie Mauern, die meinen Lebensweg versperren.
Ich bitte dich um deine gute Hand,
damit ich die Mauern in meinem Leben
überwinden kann.
Zu dir rufe ich:
Kyrie eleison...

Gnadenspruch
Hört den Trost des Evangeliums: Alles, was von Gott geboren ist, überwindet die Welt, und unser Glaube ist der Sieg, der die Welt überwunden hat.
Ehre sei Gott in der Höhe...

Lobvers
Lobsingt dem Herrn und preist seine Gnade: 228,1.3

Predigtteil »Mit meinem Gott kann ich über Mauern springen«

Pfr.: Gnade sei mit euch und Friede von Gott, unserem Vater, und dem Herrn Jesus Christus.
»Mit meinem Gott kann ich über Mauern springen«, so haben wir vorhin mit Worten aus dem 18. Psalm gebetet. Ein bißchen vollmundig klingt das schon. Fast so, als gäbe es unüberwindbare Mauern nicht für den, der sich auf Gott einläßt. Ist das so einfach?
Gerade Sie, liebe Taufeltern und Paten, die den Lebensweg Ihrer Kinder vor sich sehen, denken da gewiß nüchterner: Sie wissen, daß sich auf diesem Lebensweg vieles den eigenen Plänen unüberwindbar in den Weg stellen kann. Sie wissen um die Bedrohungen menschlichen Lebens durch Krankheit und Tod, durch Gefahren der Umwelt oder durch politische Entwicklungen. Und angesichts dieses nüchternen Wissens stellt sich dann die Frage: Wie kann ich denn mit meinem Gott über Mauern springen? Was kann dies Psalmwort mir bedeuten?
Bei unserem Versuch, dies Psalmwort besser zu verstehen, werden uns heute morgen die KonfirmandInnen Hilfestellung leisten. Im Konfirmandenunterricht haben wir am vergangenen Donnerstag miteinander die Karikaturen betrachtet, die Sie heute am Eingang zum Gottesdienst erhalten haben. Was sagten sie uns, was sagten sie den KonfirmandInnen in bezug auf Mauern und die Möglichkeit ihrer Überwindung?

Es folgt eine Interpretation der Karikaturen durch KonfirmandInnen im Sinne einer Bildinterpretation.

Pfr.: Wer eine Mauer überwinden will, die ihn abschneidet vom Leben in Gemeinschaft, der muß also einerseits selber Anstrengungen unternehmen, andererseits aber muß jemand dasein, der ihm so etwas wie eine Strickleiter zuwirft, der ihm eine Hand reicht, der offen ist für ihn und zur Hilfe bereit.
Mit diesem Gedanken, der sich aus der Betrachtung unserer Karikaturen ergibt, sind wir ganz nahe dran am Geheimnis der Taufe. Taufe heißt doch nichts anderes, als daß die Gemeinschaft der Christen dem Täufling Hände entgegenstreckt, um ihn aufzunehmen. In der Taufe tun einerseits Eltern und Paten, stellvertretend für ihr Kind, einen Schritt, um die Mauer zwischen Getauften und Ungetauften, zwischen Gemeinde und Welt zu überwinden. Andererseits antwortet die Gemeinde in der Taufe, indem sie dem Täufling hinüberhilft über diese Mauer. Oder anders ausgedrückt: In der Taufe wirft Gott uns eine Strickleiter zu, fest geknüpft aus Stricken seiner Liebe. An uns ist es, diese Strickleiter zu ergreifen und mit ihrer Hilfe die trennende Mauer zu seiner Gemeinde zu überwinden.
Aber diese Mauer, die Gott bei der Taufe zu überwinden hilft, bleibt nun nicht die einzige Mauer in unserem Leben als Gemeinde. Unsichtbare Mauern durchziehen unsere Gemeinde: die Mauern zwischen alt und jung, zwischen Einheimischen und Zugezogenen, zwischen Deutschen und Ausländern, zwischen Gesunden und Kranken. KonfirmandInnen, zum Beispiel, spüren sehr deutlich die Mauern, die einzelne KonfirmandInnen von der Konfirmandengruppe trennen. Sie wünschen sich deshalb:

KonfirmandInnen formulieren Wünsche für die vor ihnen liegende Konfirmandenzeit.

Pfr.: KonfirmandInnen spüren auch die Mauer, die sie trennt von der Welt der Erwachsenen; sie haben Erwartungen an die Zeit nach der Konfirmation.

KonfirmandInnen formulieren Wünsche für die Zeit nach der Konfirmation.

Pfr.: Schließlich erleben wir in unserer Gemeinde eine Mauer besonders schmerzlich: jene Mauer, die uns Lebende von den Toten trennt. Wenn wir als Gemeinde – wie in dieser Woche – Abschied nehmen von einem Verstorbenen, dann scheint diese Mauer des Leids und der Trauer wie ein unüberwindbares Hindernis unseren weiteren Lebensweg zu versperren. Und auch bei dieser Mauer zwischen Leben und Tod ist es so wie bei jener ersten Mauer, die wir als Täuflinge überwinden, und bei jenen anderen Mauern, die wir in unserem Leben überwinden müssen: Wir selbst müssen schon einen Schritt zur Überwindung dieser Mauer tun, entscheidend aber ist, daß Gott in Jesus Christus selbst die Mauer zwischen Leben und Tod überwunden hat, daß er in Jesus Christus seine Hand über diese trennende Mauer uns entgegenstreckt.
Entscheidend ist überall dort, wo Mauern unseren Lebensweg blockieren, daß Gott selbst uns durch Menschen in seiner Gemeinde eine Strickleiter zuwirft,

die wir im Vertrauen auf ihn betreten dürfen. Indem wir diese Strickleiter ergreifen und besteigen, werden Mauern überwindbar. Indem wir dies erleben, wird das Wort aus dem 18. Psalm für uns zu einem wahren Wort: »Mit meinem Gott kann ich über Mauern springen.« Amen.

Lied
Ich möcht', daß einer mit mir geht (in: Mein Liederbuch für heute und morgen, tvd-Verlag, Nr. B 4; Auf und macht die Herzen weit [Bayr. Anhang], Nr. 671; Singt und dankt [Rhein. Anhang], Nr. 664; Leben entdecken, S. 61)

Schriftlesung zur Taufe aus Mk 10 (Konfirmandin)

Taufbefehl (Konfirmand)

Glaubensbekenntnis mit Tauffrage

Betrachtung zum Taufwasser: Zwei KonfirmandInnen bringen das Taufwasser und die Wasserschale nach vorn.

Pfr.: Wasser erquickt und löscht den Durst. Es belebt Menschen und Tiere und befruchtet Pflanzen zu Wachstum und Reife. Ohne Wasser gibt es kein Leben auf Erden. Das Wasser der Taufe ist ein Zeichen, daß Gott uns neues Leben schenken will; Freude und Zuversicht, Kraft und Trost.

Konf.: Denn so spricht der Herr: »Ich gieße Wasser auf den dürstenden Boden, rieselnde Bäche auf das trockene Land. Ich gieße meinen Geist über deine Nachkommen aus und meinen Segen über deine Kinder.«

Pfr.: (während die Hand ins Wasser getaucht wird)
Wasser wäscht und reinigt uns. Es nimmt den Schmutz von unserem Leib und macht frisch. Das Wasser der Taufe ist ein Zeichen, daß Gott uns in Christus von aller Schuld reinigt. Wir dürfen auf allen Irrwegen unseres Lebens auf Gottes Erbarmen hoffen, so oft wir uns zu ihm kehren.

Konf.: Denn so ruft uns der Apostel Paulus zu: »Ihr seid reingewaschen, seid geheiligt, seid gerecht geworden im Namen Jesu Christi, des Herrn, und im Geist unseres Gottes.«

Pfr.: Wasser kann aber auch töten. Wir denken an Überschwemmungen, an Dammbrüche, an hohe Wellen im Meer. Wir denken an die Sintflut. Im Wasser der Taufe wird der sündige Mensch zeichenhaft getötet und begraben. Die Taufe wurde bei den ersten Christen in Flüssen und Seen vollzogen. So geschieht es heute noch in manchen Kirchen, daß der Täufling völlig untergetaucht wird. Dies bedeutet: Er wird hineingenommen in das Sterben und in die Auferweckung Jesu.

Konf.: Denn so spricht der Apostel Paulus: »Wißt ihr denn nicht, daß wir alle, die wir auf Christus Jesus getauft wurden, auf seinen Tod getauft worden sind? Wir wurden mit ihm begraben durch die Taufe auf den Tod, damit – wie Christus auferweckt wurde von den Toten – auch wir in einem neuen Leben wandeln.«
So laßt uns mit diesem Wasser, das uns hineinnimmt in das Sterben und Leben unseres Herrn, nun die Kinder taufen!

Taufhandlung mit Überreichung der Taufkerze und der selbstgebastelten Strickleitern mit Taufsprüchen

Lied: Ich werfe meine Fragen hinüber

2. Ich werfe meine Bitten hinüber
wie ein Tau von einem Schiff ans Land.
Vielleicht ist einer da und greift herüber.

Vielleicht, vielleicht nimmt einer mich an meiner Hand.
Wenn Gott es ist, der meine Bitten auffängt und nicht läßt.
Wenn Gott es ist, dann hält er mich samt meinen Bitten fest.

3. Ich werfe meine Angst zu dir hinüber
wie ein Tau von einem Schiff ans Land.
Vielleicht ist einer da und greift herüber.
Vielleicht, vielleicht nimmst du mich dann an meiner Hand.
Wenn Gott es ist, der meine Ängste auffängt und nicht läßt.
Wenn Gott es ist, dann hält er mich samt meinen Ängsten fest.

4. Ich werfe meinen Dank zu dir hinüber
wie ein Tau von einem Schiff ans Land.
Denn du bist da und greifst zu mir herüber.
Denn du bist da, bist da und nimmst mich an der Hand.
Weil Gott es ist, der all mein Danken auffängt und nicht läßt.
Weil Gott es ist, hält er auch mich samt meinem Danken fest.

Fürbittgebet
Herr, wir bitten dich für die getauften Kinder,
daß ihnen in ihrem Leben immer wieder Hände entgegengereicht werden,
daß sie spüren und erleben dürfen, wie willkommen sie in deiner Gemeinde sind.
Wir bitten dich für die Paten und Eltern, daß sie ihren Kindern Mut machen,
vor Hindernissen auf ihrem Lebensweg nicht zu resignieren,
daß sie ihre Kinder stärken im Glauben auf deine Hilfe.
Wir bitten für unsere Konfirmanden und Konfirmierten, daß sie die Mauer, die sie von der Welt der Erwachsenen trennt, überwinden,
daß sie den schwierigen Weg zwischen Auflehnung
und Anpassung zu gehen lernen.
Wir bitten dich für alle, deren Lebensweg an der Mauer des Todes angelangt ist,
für alle Sterbenden,
für alle, die um einen Verstorbenen trauern, vor allem für die Angehörigen von N. N.,
daß sie erfahren, wie du mit ihnen die Mauern des Todes überwinden willst.

Vaterunser

Schlußlied
152,1.2.4.5 Ich bin getauft auf deinen Namen

Abkündigungen

Segen

II. Gottesdienste zum Themenkreis »Abendmahl«

Die Aussperrung der KonfirmandInnen vom Abendmahl gehört in vielen Gemeinden glücklicherweise der Vergangenheit an. Immer mehr PfarrerInnen, KonfirmandInnen, Ältestenkreise und Gemeindeglieder entdecken das gemeinsame Abendmahlfeiern während der Konfirmandenzeit als eine große Bereicherung. Immer deutlicher wird auch, daß KonfirmandInnen durch das frühzeitige Teilnehmen am Abendmahl der Gemeinde eher befähigt werden, eine durch Glaubenserfahrung begründete Konfirmationsentscheidung zu treffen. Von daher bietet es sich geradezu an, Abendmahlsgottesdienste der Gemeinde mit KonfirmandInnen zusammen vorzubereiten und zu gestalten. So wird das gemeinsame Feiern des Abendmahls zum Lernfeld und Erfahrungsraum des Glaubens: KonfirmandInnen und gottesdienstliche Gemeinde können gemeinsam neu über die Inhalte des Abendmahls nachdenken und miteinander neue Erfahrungen mit dem Mahl des Herrn machen. Die vorliegenden Konfirmandengottesdienste sollen diesen Prozeß des gemeinsamen Lernens und Erfahrens am Tisch des Herrn verdeutlichen.

Wir sind zum Mahl geladen (Mt 26,17ff)

Gottesdienstverlauf

Lied: Wir sind zum Mahl geladen (auch sehr gut auf die Melodie EKG 341 zu singen)

2. Aus Süden und aus Norden lädt er sie, arm und reich.
Für ihn sind alle Gäste aus allen Völkern gleich.
Wer kommt, der ist geladen. Wer nicht kommt, der bleibt fern,
mißachtet durch sein Fehlen die Güte unsres Herrn.

3. Daß wir gemeinsam essen, heißt, daß uns nichts mehr trennt,
daß einer sich zum andern und so zum Herrn bekennt.
Sein Leben und sein Lieben ist der Gemeinschaft Kern;
Gemeinschaft ist das Leben: Wir sind der Leib des Herrn.

4. Der Herr weist uns die Orte im neuen Leben an.
Dort bricht durch uns der Friede, der allen gilt, sich Bahn.
Die Zukunft steht uns offen bei Wein und Brot und Fisch.
Der Herr, dem wir heut danken, deckt morgen auch den Tisch.

Votum

Spruch

Eingangsgebet (von KonfirmandInnen formuliert)
Herr Jesus Christus!
Wir kommen heute zum Abendmahl.
Wir wollen dir näherkommen mit deiner Hilfe.
Wir wollen auch untereinander in Kontakt kommen.
Wir suchen nach deinem Trost.
Wir hoffen auf deine Hilfe, damit wir ins reine kommen mit dir und mit uns.
Amen.
Kyrie-Gesang

Gnadenspruch

Lobvers
Lobsingt dem Herrn und preist seine Gnade: 160,5.6

Gruß

Kollektengebet (von einer Konfirmandin gelesener Text von Dieter Trautwein):
Herr, du bist an vielen Tischen eingeladen und zu Gast.
Und auch bei denen, die sich selbst genügen, wird keiner dir zur Last.
Teile mit uns das Mahl, verbinde, die lieblos sich trennen.

Herr, du bist an vielen Tischen eingeladen und zu Gast.
Sprichst auch mit denen, die sonst nichts erwarten als neuer Tage Last.
Teile mit uns das Mahl, gib Glanz in die Augen der Müden.

Herr, du bist an vielen Tischen eingeladen und zu Gast.
Kommst auch zu Menschen, die versagen; frommtun ist dir verhaßt.
Teile mit uns das Mahl, daß wir deinem Angebot trauen.

Herr, du bist an vielen Tischen eingeladen und zu Gast.
Sorgst dann als Gastherr, daß wir uns ertragen, einer des andern Last.
Teile mit uns das Mahl, jetzt hier und an all unsren Tischen.
Amen.

Textlesung einer Konfirmandin (Text J. Zink):
Uralt sind die Zeichen der Gastfreundschaft, das Brot und der Wein. Der Landfremde, der in das Wohngebiet eines Seßhaften kam, empfing schon vor 4000 Jahren Brot und Wein als das Zeichen, daß er sich mit seinen Herden niederlassen durfte. Als Melchisedek, der König von Jerusalem, Abraham in sein Land einließ, trug er ihm Brot und Wein entgegen: das Zeichen der Nahrung und das Zeichen des Fests und des Glücks. Das Bild von Schale und Becher, von Essen und Trinken, Tisch und Bank wird noch lange auch zu denen sprechen, denen das Abendmahl Jesu mit seinen Jüngern kein Sakrament ist und die nicht wissen, was sie damit anfangen sollen, daß Jesus sagt: »Das Brot ist mein Leib. Der Wein ist mein Blut.« Denn was dabei geschieht, ist auch ihnen deutlich: Es entsteht eine Gemeinschaft zusammengehöriger Menschen, die nicht zu sorgen brauchen, weil ein anderer für sie sorgt.

Lied
Komm, sag es allen weiter (in: »Leben entdecken«, S. 177)

Im Mittelpunkt des *Predigtteils* steht das berühmte Abendmahlsgemälde von Leonardo da Vinci. Dieses Gemälde ist in dem schon recht alten Film »Einladung zu Tisch« von Jörg Zink in sehr eindrucksvoller Weise im Detail beschrieben und dargestellt. Dieser Film wurde im Konfirmandenunterricht vorgeführt und intensiv besprochen. KonfirmandInnen fertigten Bildbeschreibungen zu bestimmten Filmabschnitten an. Der Ton des Filmgerätes wurde im Gottesdienst abgeschaltet, so daß der betreffende Filmausschnitt mit dem Kommentar der KonfirmandInnen gezeigt wurde (Dauer ca. 6 Minuten).

Einleitung (Jünger/Judas, 42 Sek., 7 Sekunden Vorlauf ohne Text)
Konf.: Im Konfirmandenunterricht der letzten Woche haben wir uns mit der Abendmahlserzählung des Neuen Testaments beschäftigt. Dabei haben wir auch

ein Bild angesehen und besprochen, das wir Ihnen nun im Film ein wenig erklären wollen. Gemalt wurde dieses Bild im Jahr 1492 von dem italienischen Künstler Leonardo da Vinci. Das Original wurde mehrfach verschönert und restauriert. Auf dem Bild sehen wir Jesus und seine zwölf Jünger beim Abendmahl. Jesus sitzt in der Mitte des Tisches, seine Jünger rechts und links von ihm.

Beschreibung von Jesus (Jesus/Totale/Jesus 49 Sek.)
Konf.: Jesus sitzt in der Mitte des Tisches. Sein Gesicht wird vom Maler in einer gewissen Traurigkeit gehalten. Jesus ist traurig, weil er weiß, daß einer unter den zwölf Jüngern ihn verraten wird. Jesus hat kein Vertrauen mehr zu seinen Jüngern, weil die Gemeinschaft zerstört wird durch den bevorstehenden Verrat des Judas. Jesus hatte nicht geglaubt, daß ausgerechnet einer von seinen Jüngern ihn einmal verraten wird. – Mit der linken Hand deutet Jesus auf einen Laib Brot, mit der rechten reicht er Judas die Hand, obwohl er weiß, daß Judas der Verräter ist.

Abendmahlsbericht 1. Teil (Ausblendung des Films für 40 Sek. durch Abdeckung des Objektivs, Jünger/Zink)
Konf.: Wie kam es eigentlich zu diesem Mahl Jesu mit seinen Jüngern? Hören wir den Bericht des Matthäus: Am ersten Tag der Ungesäuerten Brote traten die Jünger zu Jesus und fragten: Wo sollen wir dir das Passahlamm bereiten? Er sagte: Geht in die Stadt zu einem bestimmten Mann und sagt zu ihm: Der Meister läßt dir sagen: Meine Zeit ist nahe, bei dir will ich mit meinen Jüngern Passah feiern. Und die Jünger taten, was ihnen Jesus befohlen hatte, und bereiteten das Passahlamm.
Und am Abend setzte er sich mit den Zwölfen zu Tisch. Und als sie aßen, sprach er: Wahrlich, ich sage euch: Einer unter euch wird mich verraten. Und sie wurden sehr betrübt und fingen an, jeder einzelne, ihn zu fragen: Herr, bin ich's?

Beschreibung der Jünger (Jünger 90 Sek.)
Konf.: Hier sehen wir nun die Jünger. Sie sitzen und stehen in Gruppen zusammen. Man kann böse, entsetzte und beleidigte Gesichter sehen. Manche sind böse, weil sie zu Jesus halten und nicht verstehen können, wie man einen solchen Verrat an Jesus begehen kann. Andere sind entsetzt, daß der Verräter auch noch mit ihnen am Tisch sitzt und mit Jesus ißt. Wieder andere sind beleidigt, weil sie glauben, Jesus verdächtige sie. Entsetzt und ungläubig fragen sie alle: Bin ich's, Herr? Einer sieht den anderen an, und keiner ist sich wohl ganz sicher, ob er nicht der Verräter sein könnte. Manche Jünger strecken empört die Hände von sich. Hände greifen auch nach der Hand von Jesus, manche wollen sie wahrscheinlich greifen und festhalten, manche vielleicht auch abstoßen. Die Gemeinschaft ist in Gefahr. Wer ist der Verräter? Bin ich's, Herr?

Beschreibung des Judas (Judas 67 Sek., kleiner Vorspann ohne Ton)
Konf.: Auf einen in der Tischgemeinschaft fällt kein Licht: auf Judas. Sein Gesicht liegt im Dunkeln. Ein schwarzes Gesicht. Der Künstler will damit zeigen, daß dies der Verräter ist. Judas sitzt zwischen den anderen und tut zunächst so, als wenn überhaupt nichts wäre. Als Jesus sagt, daß ihn einer verraten wird, wird

Judas nervös. Vor lauter Aufregung wirft er das Salzfaß um, das auf dem Tisch steht, und hält seinen Beutel ganz fest in der Hand. Wahrscheinlich ist in diesem Beutel das Geld, das er für den Verrat erhalten hat. Er versucht, mit der einen Hand Jesus anzufassen. Später wird sich Judas erhängen, weil er Jesus verraten hatte und deshalb Gewissensbisse bekam.

Abendmahlsbericht 2. Teil (Jünger/Totale 75 Sek.)
Konf.: Wie geht dieses Essen mit dem Verräter am Tisch zu Ende? Wird Jesus den Verräter aus der Gemeinschaft verstoßen? Wird die Gemeinschaft zerbrechen? Wird Jesus den Verräter vom Tisch wegschicken oder ihm vergeben? Werden die anderen Jünger den Verräter wegjagen? Hören wir, was Matthäus berichtet: Jesus sagte: Wer die Hand mit mir in die Schüssel getaucht hat, der wird mich verraten. Der Menschensohn geht zwar dahin, wie von ihm geschrieben steht, doch weh dem Menschen, durch den der Menschensohn verraten wird! Es wäre besser, wenn er nie geboren wäre. Da fragte Judas, der ihn verriet: Bin ich's, Rabbi? Er antwortete ihm: Du sagst es.
Als sie dann aßen, nahm Jesus das Brot, dankte und brach's und gab's den Jüngern und sprach: Nehmt und eßt, das ist mein Leib. Und er nahm den Kelch und dankte, gab ihnen den und sprach: Trinkt alle daraus, denn das ist mein Blut des neuen Bundes, das für viele vergossen wird zur Vergebung der Sünden. Ich sage euch: Ich werde von nun an nicht mehr von dieser Frucht des Weinstocks trinken bis zu dem Tag, an dem ich von neuem mit euch trinken werde im Reich meines Vaters.

Kurzansprache des Pfarrers/der Pfarrerin

Liebe Gemeinde!
Eine gemischte Gesellschaft ist das schon, die sich Jesus da zu Tisch geladen hat. Wer gehört nicht alles dazu? Der Fromme, der von seinem Glauben fest überzeugt ist, der Unsichere, der sich fragt, ob er nicht schon bald Jesus verraten wird, der Verräter, der nur noch äußerlich sich dazugehörig zählt, der mit einem guten Gewissen, du, ich.
Sie alle – wir alle sind eingeladen an den Tisch Jesu. Wir sind eingeladen, seine Gemeinschaft zu erfahren, zu fühlen, zu schmecken. Alle sind sie eingeladen – ohne Ausnahme. Warum?
Weil sie alle das brauchen – die spürbare, fühlbare, schmeckbare Gemeinschaft mit Jesus. Der Fromme braucht sie, um sich seines Christseins zu vergewissern, der Unsichere, um den Draht zu Gott nicht zu zerreißen, der Verräter, um seine Schuld abgenommen zu bekommen, der mit dem guten Gewissen, um zu erfahren, daß sein Gutsein auch nur Gnade und Geschenk ist.
Und du und ich – warum brauchen wir diese Tischgemeinschaft mit Jesus? Vielleicht, weil es uns einfach guttut, eingeladen zu werden ohne Vorbedingung, vielleicht, weil wir Hunger haben nach dem Brot des Lebens, vielleicht, weil wir auf der Suche sind nach einer verbindlichen Gemeinschaft.
Vielleicht, vielleicht, vielleicht.

Jeder von uns hat einen anderen Grund. Aber jeder braucht diese Einladung an den Tisch Jesu. Jeder von uns braucht Brot und Wein. Wir wissen: Ohne diese Zeichen der Gastfreundschaft gäbe es keine christliche Gemeinschaft, gäbe es keine gemischte Gesellschaft, die bereit ist, in Frieden zusammenzuleben.
Zu diesem Frieden lädt Jesus uns an seinen Tisch. Amen.

Lied
159,1–3 Das sollt ihr, Jesu Jünger, nie vergessen

Präfation
Wir danken dir, Herr, daß du uns einlädst an deinen Tisch, uns alle – die Frommen und die Unfrommen, die Jungen und die Alten, die Fröhlichen und die Bedrückten, die Schuldbeladenen und die mit einem guten Gewissen.
Wir danken dir für deine Einladung und stimmen dir zu Ehren einen Lobgesang an, indem wir bekennen:
Heilig, heilig, heilig ist der Herr...

Einsetzungsworte

Anamnese

Christe, du Lamm Gottes

Friedensgruß

Austeilung

Fürbittgebet
Herr, wir bitten dich für alle Menschen, die du mit ihrer Schuld einlädst an deinen Tisch,
für die Scheinheiligen, die immer nur meinen, andere hätten Schuld,
für die Niedergeschlagenen, die jede Schuld bei sich selbst suchen,
für die Verzweifelten, die mit einer Schuld nicht fertig werden.
Für den Mann, der in dieser Woche ein Mädchen ermordet hat und aus seiner Schuldverstrickung keinen Ausweg fand.
Für die Familie des Mädchens, die unter der Schuld dieses Mannes leidet.
Für sie alle und für uns alle bitten wir: Schenke immer neu die Erfahrung, daß du einlädst, wie groß die Schuld auch sei. Einlädst an deinen Tisch. Einlädst in deine Gemeinschaft.

Vaterunser

Schlußlied

Abkündigungen

Segen

Das Mahl des Friedens – ein adventlicher Abendmahlsgottesdienst

Gottesdienstverlauf

Orgelvorspiel

Eingangslied
6,1–3 Macht hoch die Tür

Votum
Im Namen des Vaters, der uns den Frieden verheißen hat,
im Namen des Sohnes, der uns durch seinen Leib und sein Blut Frieden bringt,
und im Namen des Heiligen Geistes, der uns in Frieden zusammenleben läßt.
Amen.

Eingangsspruch
Siehe, Gott der Herr kommt gewaltig, und sein Arm wird herrschen.
Ehre sei dem Vater…

Eingangsgebet eines Konfirmanden
Herr, unser Leben mit anderen
ist nicht so, wie es sein sollte.
Wir kritisieren und sind unzufrieden, aber wir greifen nicht zu.
Wir schieben die Verantwortung gern auf andere.
Wir sind so sehr mit uns beschäftigt, daß wir für andere keine Zeit mehr haben.
Wir bitten dich: Herr, erbarme dich.
Kyrie-Gesang

Gnadenspruch
Hört den Trost des Evangeliums: Freue dich und sei fröhlich, du Tochter Zion.
Denn siehe, ich komme und will bei dir wohnen, spricht der Herr.
Ehre sei Gott…

Lobvers
Lobsingt dem Herrn und preist seine Gnade: 1,5

Teil 1: Die Verheißung des Friedens

Pfr.: Beim Propheten Jesaja im 2. Kapitel lesen wir, wie aller Welt der weihnachtliche Frieden verheißen wird (Textkurzfassung):

Konf.: Und es wird geschehen in den letzten Tagen. Da wird der Berg mit dem Tempel Gottes alle Berge der Welt überragen. Und alle Völker werden zum

Tempel hinströmen. Und Gott wird Recht sprechen zwischen den Völkern, und viele Nationen wird er unterweisen. Und sie werden ihre Schwerter zu Pflugscharen schmieden, aus ihren Spießen werden sie Rebmesser machen. Kein Volk wird das Schwert gegen ein anderes erheben, und sie werden den Krieg nicht mehr lernen.

Konf.: Wenn Jesaja hier sagt, daß aus den Waffen Pflüge gemacht werden, so meint er damit dasselbe, was auch durch einen Händedruck zum Ausdruck gebracht wird, nämlich, daß man keine Waffen in der Hand hat bzw. daß alle Waffen vernichtet sind. Wenn aus den Waffen Pflüge gemacht werden, dann kann man im Frieden ohne Furcht zusammenwohnen. Man kann im Frieden zusammen essen und trinken – wie beim Abendmahl. So deutet die Weissagung des Jesaja auf den weihnachtlichen Frieden, den wir auch beim Abendmahl erleben können.

Pfr.: Die eben vorgelesenen und von einem Konfirmanden interpretierten Worte aus dem Jesajabuch sind in einem modernen Abendmahlslied vertont worden:

Konf.: Ein jeder braucht sein' Brot, sein' Wein.
Und Frieden ohne Furcht soll sein.
Pflugscharen schmelzt aus Gewehren und Kanonen,
daß wir in Frieden zusammenwohnen.

(Es folgt über Tonband das Lied »Ein jeder braucht sein' Brot, sein' Wein«, man kann dieses Lied aber auch unschwer mit einer Konfirmandengruppe einüben und singen; abgedruckt ist das Lied in: Mein Liederbuch für heute und morgen, tvd-Verlag, Nr. B 58; Lieder für Kirchentage (1987), Nr. 22; auf Schallplatte: »Neue geistliche Lieder in der Schule«, Schwann-Studio 302)

Teil 2: Das Mahl des Friedens – wie es zum erstenmal gefeiert wurde

Auf der Leinwand erscheint das Abendmahlsgemälde von Leonardo da Vinci (als Dia bei »KU-Materialien 9«, Best.Nr. 03626 Gütersloher Verlagshaus und in ku praxis 9 erhältlich), KonfirmandInnen interpretieren das Bild:
Jesus sitzt mit seinen Jüngern beim Essen. Das Passahfest, das höchste Fest der Juden, steht vor der Tür. Eine alltägliche Angelegenheit, denn essen muß ja schließlich jeder. Oder handelt es sich hier um einen besonderen Anlaß? Schließlich fand dieses Essen vor ungefähr 2000 Jahren statt, und wir reden heute noch davon. Hat das seine Gründe?
Leonardo da Vinci, ein italienischer Maler, hat im Jahre 1492 ein Bild von diesem Essen gemalt. Hier sehen wir dies Bild. Viele Maler haben versucht, dieses Essen in einem Bild darzustellen. Ein bedeutendes Essen, das nicht in Vergessenheit geraten ist.
Im Evangelium des Matthäus wird über dieses Essen folgendermaßen berichtet: »Am Abend setzte sich Jesus zu Tisch mit den Zwölfen. Und als sie aßen, sprach er: ›Wahrlich, ich sage euch: Einer unter euch wird mich verraten!‹ Und sie

wurden sehr betrübt und fingen an, ein jeglicher unter ihnen, und sagten zu ihm: ›Herr, bin ich's?‹«
Ein berühmtes und ein berüchtigtes Essen? Jesus lädt ein, und ein Verräter setzt sich mit an den Tisch. Eine seltsame Gruppe, die sich da zum Essen an den Tisch gesetzt hat. Zeigt das Bild nicht eine friedliche Tischgemeinschaft? Doch der Verräter sitzt mit am Tisch. Er ißt mit! Ein wichtiges Essen mit einem Verräter am Tisch. Wie könnte es weitergehen?
Nachdem Judas als Verräter entlarvt und von Jesus schwer getadelt worden war, nahm Jesus das Brot, dankte und brach's und gab's den Jüngern und sprach: »Nehmet hin und esset, das ist mein Leib.« Und er nahm den Kelch und dankte, gab ihnen den und sprach: »Trinket alle daraus; das ist mein Blut des neuen Testaments, welches vergossen wird für viele zur Vergebung der Sünden.«
So ging das Mahl mit dem Verräter am Tisch weiter. Durch dieses Mahl stiftete Jesus Frieden: zwischen sich und dem Verräter, zwischen seinen Jüngern, zwischen den Menschen der Welt.
Das Mahl des Friedens – es war zum ersten Mal gefeiert worden.

Orgelzwischenspiel
159,1–3 Das sollt ihr, Jesu Jünger, nie vergessen

Teil 3: Einübung in das Mahl des Friedens

Pfr.: Das Mahl des Friedens nahm seinen Anfang bei jenem Mahl Jesu mit seinen Jüngern. Das Mahl des Friedens wird bis heute in allen christlichen Kirchen gefeiert. Wie soll man es feiern? Wie soll man sich auf dieses Mahl vorbereiten? Die KonfirmandInnenn schildern uns einmal, wie wir uns in der Konfirmandengruppe auf dieses Mahl vorbereitet haben, und was wir bei dieser Vorbereitung erlebt und empfunden haben.

Konf.: Wir bildeten zwei gleich große Gruppen. In jeder Gruppe fanden sich jeweils die Befreundeten zusammen. Dann setzten wir uns im Kreis, so daß jede Gruppe einen Halbkreis bildete und der anderen gegenüber saß. Der Pfarrer hatte zwei Teller mit Weißbrot und zwei Krüge mit Orangensaft vorbereitet. Er bat aus jeder Gruppe zwei KonfirmandInnen aufzustehen und gab dem einen den Teller, dem anderen den Krug. Nun erklärte er die Spielregel: Wer den Krug oder den Teller in Händen hat, gibt einem aus der anderen Gruppe etwas zu essen bzw. zu trinken. Die Art, wie er das macht, ist ihm überlassen. Wer zu essen oder zu trinken bekommen hat, nimmt seinerseits den Teller oder den Krug und gibt wieder einem anderen aus der gegenübersitzenden Gruppe, bis alle etwas bekommen haben. Nun überlegen alle schweigend, was sie erlebt haben und was für Gedanken und Empfindungen ihnen bei dieser Speisung gekommen sind. Sie schreiben ihre Einfälle auf.

Pfr.: Hören wir uns einmal an, was einige der KonfirmandInnen bei diesem Essen und Trinken empfunden und gedacht haben.

2 Konf.: Es war ein fremdes, neues Gefühl, mit anderen aus einem Glas zu trinken.
Man war unsicher, den Krug oder den Teller jemandem anzubieten.
Man hat gefühlt, daß man in einer Gemeinschaft ist. Es hat sich keiner ausgeschlossen.
Wir waren eine Gemeinschaft, die Essen und Trinken teilte. Ich glaube, daß dies noch kein richtiges Abendmahl war, weil wir uns nicht unterhalten haben. Wir haben nur gesagt »Guten Appetit« usw.
Es ging mehr kameradschaftlich zu als in der Kirche. Es war ganz formlos, dagegen in der Kirche geht es ganz feierlich zu. Wir lachten miteinander.

Pfr.: Wenn wir nun miteinander das Abendmahl, das Fest des Friedens, feiern, dann werden wir vielleicht auch so manches von dem erleben, was die KonfirmandInnen bei ihrer Vorbereitung auf dieses Mahl erlebt haben: das Gefühl der Gemeinschaft, das fremde Gefühl plötzlicher Nähe, die Unsicherheit des Neuen. Vielleicht werden wir aber auch ein wenig von jener Ungezwungenheit, von jener Fröhlichkeit und Freude verspüren, von der die KonfirmandInnen berichtet haben. Von dieser Freude wollen wir nun singen. Singen mit einem adventlichen Abendmahlslied, dessen Text aus zwei Liedern unseres Gesangbuches zusammengefügt wurde (zu singen auf die Melodie EKG 341):

1. Nun jauchzet, all ihr Frommen,
zu dieser Gnadenzeit,
weil unser Heil ist kommen,
der Herr der Herrlichkeit.
Wir sind zum Mahl geladen.
Der Herr ruft uns zu Tisch
wie einstmals seine Freunde
zu Wein und Brot und Fisch.

(EKG 7,1 + Bad. Anhang 77,623,1; s. Gottesdienst II/1)

2. Er kommt zu uns geritten
auf einem Eselein
und stellt sich in die Mitten
für uns zum Opfer ein.
Er ruft uns Menschen alle,
er zieht die Grenzen nicht.
Denn die im Dunkeln leben,
holt er zu sich ins Licht.

(EKG 7,2 + 623,1)

3. Kein Zepter, keine Krone
sucht er auf dieser Welt;
im hohen Himmelsthrone
ist ihm sein Reich bestellt.
Die Zukunft steht uns offen
bei Wein und Brot und Fisch.
Der Herr, dem wir heut danken,
deckt morgen auch den Tisch.

(EKG 7,3 + 623,4)

4. Er wird nun bald erscheinen
in seiner Herrlichkeit
und unser Klag und Weinen
verwandeln ganz in Freud.
Der Herr weist uns die Orte
im neuen Leben an.
Dort bricht durch uns der Friede
der allen gilt, sich Bahn. (EKG 7,6 + 623,4)

Teil 4: Wir feiern das Mahl des Friedens

Konf.: Einer ist unser Leben,
Licht auf unseren Wegen,
Hoffnung, die aus dem Tod erstand,
die uns befreit.

Viele kennen nur Waffen und Krieg,
Haß und Gewalt,
einer lehrt uns, dem Feind zu verzeihn
und die Menschen zu lieben.

Einer ist unser Leben,
Licht auf unseren Wegen,
Hoffnung, die aus dem Tod erstand,
die uns befreit. (L. Zenetti)

Einsetzungsworte

Vaterunser

Anamnese

Christe, du Lamm Gottes

Friedensgruß

Konf.: Seht, das Brot, das wir jetzt teilen,
das ein jeder von uns nimmt,
ist ein Zeichen für den Frieden,
für den Bund in Christi Blut.

Seht, der Kelch, den wir jetzt teilen,
den ein jeder von uns nimmt,
mahnt uns, daß auch wir versöhnen
und verbinden, was getrennt.

Seht, was wir heut hier vollziehen,
was wir miteinander tun,
will mit Christus uns verbünden,
daß wir tun, was er getan. (L. Zenetti)

Pfr.: Kommt, es ist alles bereit. Schmecket und sehet, wie freundlich der Herr ist.

Austeilung von Brot und Kelch

Pfr.: Für dieses Mahl des Friedens wollen wir danken. Wir tun dies mit dem Lied Nr. 227 Nun laßt uns Gott dem Herren (V.1.2.5)

Teil 5: Das Mahl des Friedens – wie wir es sehen

Pfr.: Im Konfirmandenunterricht haben wir Dias zum Thema »Abendmahl« angefertigt. Einige KonfirmandInnen werden jetzt ihre Bilder zeigen und dazu kurz erklären, was sie sich bei ihrer Anfertigung gedacht haben.

Konf.: Zwei Menschen irgendwo auf der Welt geben sich die Hand. Eine freundliche Geste, die man oft sieht. Diese Geste soll den Frieden ausdrücken, der uns beim Abendmahl verbindet. Aber in vielen Ländern gibt es diesen Frieden nicht, weil sich die Menschen bekämpfen und nicht merken, daß es ohne Waffen schöner zu leben wäre. Ruhe und Frieden, keiner hat Angst vor dem anderen, keiner hat eine Waffe, so fände ich die Welt schöner.

Konf.: Dies Bild zeigt die vier Hauptsachen beim Abendmahl: das Brot, den Wein in der Flasche, den Kelch und das Kreuz, das Christus darstellen soll. Diese Dinge sind für alle Rassen da – für Gelbe, Schwarze, Rote und Weiße. Für alle Menschen.

Teil 6: Schritte zum Frieden – dasein für andere

Pfr.: Ein Abendmahl, in dem der weihnachtliche Frieden erlebt wird, aber das uns nicht befähigt, nun auch selbst Schritte zum Frieden hin zu tun, bleibt ohne Sinn. Der erlebte Friede muß auch für andere erlebbar werden. Er muß von uns weitergegeben werden. Doch wie? Dazu hören wir eine Geschichte.

Konf.: Die Geschichte vom Brot, das nicht gegessen werden wollte
Es war einmal ein wunderschönes frisches Brot, braun und knusprig und herrlich duftend. Es lag in einer Bäckerei auf dem Regal, und alle anderen Brote bewunderten es. Das Brot dachte: »Ich bin das allerschönste Brot, das es je gegeben hat. Und ich soll verkauft werden und in so einer alten Einkaufstasche verschwinden, um zerschnitten und aufgegessen zu werden? Das wäre doch jammerschade!«
Wenn die Bäckersfrau ein Brot vom Regal nahm, dann duckte es sich geschickt

zur Seite und blieb liegen. Da brauchte die Bäckersfrau eine Schachtel und zog unter dem Regal eine Schublade auf. Als sie sich umdrehte, sprang das schöne Brot vom Regal in die Schublade. Die Bäckersfrau hatte nichts gemerkt und stieß die Schublade mit dem Fuß zu. »Ein Glück«, dachte das Brot, »jetzt bin ich gerettet. Hier findet mich keiner.« In der Schublade lagen Tüten und alte Schachteln. Sie tuschelten und knisterten: »Ach, was ist das doch für ein wunderschönes Brot! So ein feines Brot haben wir noch nie gesehen. Wie das so herrlich duftet.«
Am nächsten Morgen war die Begeisterung schon nicht mehr so groß. Und nach einer Woche war das Brot auch schon längst nicht mehr so schön. Seine Kruste wurde matt und welk. Nach zwei Wochen fing das Brot an zu schimmeln. Die alten Tüten und Schachteln krochen angewidert in die hinterste Ecke und knisterten beleidigt: »Pfui, wie das stinkt! Eklig ist das, der Schimmel wird uns noch anstecken! Du blödes Brot!«
Nach einem Monat zog die Bäckersfrau die Schublade wieder einmal auf, weil sie eine Schachtel brauchte. Entsetzt fuhr sie zurück: »Pfui, das ist ja widerlich, igitt! Wie das stinkt! Und die Tüten und Schachteln sind auch alle verschimmelt und verdorben.« Sie zog die Schublade ganz heraus und kippte alles in die Mülltonne.

Pfr.: Wenn Brot nicht gegessen werden will, dann verschimmelt es.
Wenn Wein nicht getrunken werden will, wird er zu Essig.
Ein Mensch, der nicht für andere leben will, verdirbt.
Für andere leben – das heißt: den im Abendmahl erlebten Frieden hinaustragen in die Welt. Den Frieden jenen Menschen bringen, die ohne Frieden leben müssen. Eine Möglichkeit, dies zu tun, ist in jedem Jahr die Aktion »Brot für die Welt«, für die wir auch heute wieder die Kollekte erbitten. Durch unser Geldopfer tragen wir ganz konkret dazu bei, daß auch Menschen in der Dritten Welt etwas vom weihnachtlichen Frieden verspüren.

Schlußlied
165,1–3 Im Frieden dein

Segen
So laßt uns nun hineingehen in die neue Woche
und dem nachdenken, was wir gehört haben.
Der Herr behüte uns.
So laßt uns nun hineingehen in die neue Woche
und dem vertrauen, was uns gesagt ist.
Der Herr sei uns gnädig.
So laßt uns nun hineingehen in die neue Woche
und das tun, was unserem Nächsten nützt.
Der Herr gebe uns Frieden.
Amen.

Statt Orgelspiel über Tonband »Ein jeder braucht sein' Brot, sein' Wein« (siehe die Angaben auf S. 32)

Abendmahl: Christus unter uns (1. Kor 11,17ff)*

Als Medium für diesen Gottesdienst wurde das vom Religionspädagogischen Institut Loccum herausgegebene Heft »Abendmahl: Christus mitten unter uns« verwendet. Die Bilder dieses Heftes wurden von KonfirmandInnen auf Folie übertragen.
Der von den KonfirmandInnen gestaltete Predigtteil hat folgenden Ablauf:

Teil 1: Mißverständnisse und Gefährdungen des Abendmahls

1. KonfirmandInnen interpretieren die gezeigten Folien:

a) Eine im Vereinsheim feiernde Gruppe: Abendmahlsgemeinde ist kein frommer Verein, dem man beitreten muß.

* Im folgenden werden zwei Gottesdienste vorgestellt, die beide von 1. Kor 11,17ff und den dort beschriebenen Mißständen beim Abendmahl in Korinth ausgehen und auf verschiedene Weise die Frage eines angemessenen Abendmahlfeierns und des Zusammenhangs zwischen dem Abendmahl und dem Alltag der Christen thematisieren.

b) Einsamer Mann an der Theke: Abendmahl ist keine Privatveranstaltung eines einzelnen, Einsamkeit beim Abendmahl darf es nicht geben.

c) Ein Mensch verläßt eine Tischgemeinschaft: Die Aufkündigung der Gemeinschaft steht im Widerspruch zum Abendmahl.

2. Lesung aus 1. Kor 11,17–22
3. Reportage aus Korinth über den Skandal der Spaltung in der korinthischen Gemeinde
   oder: Verlesen eines Leserbriefes zu diesem Ereignis aus dem »Korinther Tageblatt«.

Teil 2: Worauf es beim Abendmahl ankommt

1. KonfirmandInnen interpretieren die gezeigten Folien:
a) Festliche Gemeinschaft an einem schön gedeckten Tisch: Abendmahl als Fest, an dem alle teilhaben können.

b) Abendmahlsausteilung am Altar: Jesus Christus beschenkt uns, er selbst stiftet die Gemeinschaft.

c) Gemeinschaft am Tisch, die Brot und Kelch teilt: Wir lernen das Teilen untereinander und weltweit.

2. Lesung aus Mt 26,20–29

3. Abendmahlslied »Wie der Herr vor Zeiten«

2. Vieles ist vergessen, was einst offenbar
und in Trank und Essen gegenwärtig war.
Doch was er versprochen, gilt von Anbeginn:
wird sein Brot gebrochen, stiftet er den Sinn.

3. Mehr als nur ein Zeichen liegt in Brot und Wein;
was wir hier uns reichen, geht ins Leben ein.
Doch nur der versteht es, der sich drauf verläßt:
Zweifel des Gebetes macht die Hände fest.

4. Hier zu Tisch gebeten ist, wer glauben kann,
gehn wir nun und treten unsre Arbeit an,
helfen oder leiden ist das gleiche Sein
und der Herr in beiden wie in Brot und Wein.

Der Gottesdienst wird mit der Feier des Abendmahls fortgesetzt.

Wie feiern wir Abendmahl? (1. Kor 11,17ff)

Bei diesem Gottesdienst wurde 1. Kor 11,17ff als Schriftlesung im Rahmen der Eingangsliturgie gelesen, der Predigtteil nimmt auf diese Lesung Bezug:

1. Was wollen wir beim Abendmahl erfahren?

Konf.: Wir wollen beim Abendmahl Gemeinschaft erleben.
Wir wollen beim Abendmahl miteinander teilen.
Wir wollen beim Abendmahl die Liebe untereinander spüren.
Wir wollen beim Abendmahl einander verzeihen.
Wir wollen beim Abendmahl Hoffnung, Glaube und Wahrheit bekommen und weitergeben.

2. Was stört uns bei der normalen Abendmahlsfeier?

Konf.: Uns gefällt nicht, daß die Leute, wenn sie vom Abendmahl in den Alltag zurückgehen, sich wieder genauso benehmen wie sonst: Sie motzen sich an, meckern, sind böse zu ihren Mitmenschen usw.
An der Form des Abendmahls in unserer Gemeinde gefällt uns nicht, daß es im Mittelgang immer ein Gedränge gibt.
Uns gefällt nicht, daß man beim Abendmahl nichts sagen darf.
Uns gefällt nicht, daß man immer brav vorne stehen muß.

3. Wie können wir angemessen Abendmahl feiern?

Pfr.: Wenn wir uns in Erinnerung rufen, welche Erwartungen und welche Kritik die KonfirmandInnen eben hinsichtlich des Abendmahles geäußert haben, dann wird uns eines sofort klar: Soll im Abendmahl wirklich die Gemeinschaft mit Gott und mit unseren Mitmenschen erfahren werden, sollen Liebe, Vergebung, Hoffnung, Glaube und Wahrheit keine leeren Floskeln bleiben, dann ist zweierlei ganz wichtig.
Zum einen muß die Form des Abendmahlfeierns eine gemeinschaftsfördernde Form sein, d.h., die Abendmahlspraxis muß Möglichkeiten lassen für die Erfahrung von Gemeinschaft, Liebe und Vergebung.
Zum anderen muß das Abendmahl eingebunden sein in den Alltag unseres Lebens: Die beim Abendmahl erfahrene Gemeinschaft muß ihre Fortsetzung und Bewährung im Alltag finden, sonst ist alles Feiern des Abendmahles unehrlich und heuchlerisch.
Wenn ich zurückdenke an unsere Schriftlesung am heutigen Sonntag, wenn ich zurückdenke an die Abendmahlspraxis in Korinth, dann wird mir deutlich, wie verlogen, wie unehrlich Abendmahl gefeiert werden kann. Damals kam man zum Abendmahl zusammen, indem jeder sein Abendessen mitbrachte. Man

bildete Grüppchen: Wer viel mitgebracht hatte, der wurde satt, wer wenig oder nichts mitgebracht hatte, ging mit hungrigem Magen zum Tisch des Herrn. Damals in Korinth hat man vergessen, daß die Gemeinschaft mit Gott untrennbar verbunden ist mit der Gemeinschaft der Christen untereinander. Man hatte vergessen, daß das Abendmahl als Zusage göttlicher Gemeinschaft Konsequenzen für die Gestaltung menschlicher Gemeinschaft haben muß. In Korinth feierte man Abendmahl in ganz egoistischer Weise: Jeder dachte nur an sich, an sein Heil, an seine Vergebung, an seine Gemeinschaft mit Gott. Den armen Bruder aber vergaß man. Daß dies aber keine angemessene Form des Abendmahls war, betonte Paulus zu Recht.
Wie aber können wir angemessen Abendmahl feiern? Wie können wir Abendmahl feiern, so daß einerseits im Abendmahl Gemeinschaft, Liebe und Vergebung erfahren werden und andererseits dieses Abendmahl in Zusammenhang tritt zu unserem Alltag? Ich will an diesem Bild, das zwei Konfirmanden jetzt zeigen, verdeutlichen, was es bedeutet, Abendmahl angemessen zu feiern (das Bild der brotbrechenden Hände ist über die Zeitschrift »im gespräch«, Evangelische Kirche in Hessen und Nassau, Paulusplatz 1, 6100 Darmstadt, erhältlich).

Wir sehen auf diesem Bild zwei Hände.
Sie greifen nach einem Brot.
Sie brechen miteinander ein Brot.
Zwei Hände teilen ein Brot.
Zwei Hände.
Hände verschiedener Menschen.
Eine schwarze Hand.
Eine weiße Hand.
Menschen verschiedener Rasse, verschiedener Herkunft teilen miteinander Brot.
Brot – das ist der Inbegriff dessen, was wir zum Leben brauchen.
Brot – das ist Nahrung.
Brot – das ist die Familie, das sind Freunde.
Brot – das ist der Beruf.
Brot – das ist Freude am Leben, Kraft zum Leben.
Brot – das sind auch die Tränen, die Traurigkeiten.
Menschen teilen miteinander das Brot. Sie teilen miteinander das Leben.

Was wir hier auf diesem Bild erkennen, das ist das Wesentliche am Abendmahl: Gott teilt mit uns das Leben, damit wir lernen, unser Leben mit anderen zu teilen. Nicht nur beim Abendmahl, auch in unserem Alltag. Abendmahl – das ist Einübung ins Teilen.
Bei jedem Abendmahl sitzt unser Nächster mit am Tisch – unser Nächster, mit dem wir das Leben teilen. Unser Nächster in der Familie, in der Schule, in der Gemeinde, unser Nächster in Südafrika und anderswo. Gott teilt mit uns das Leben, damit wir unser Leben mit unserem Nächsten teilen.
Abendmahl ist Einübung ins Teilen. Wie aber können wir das Teilen beim Abendmahl möglichst deutlich darstellen? Unsere KonfirmandInnen haben dazu einige Vorschläge erarbeitet, die wir heute in diesem Abendmahlsgottes-

dienst verwirklichen wollen. Wir wollen das Abendmahl heute so feiern, daß wir selbst unserem Nachbarn am Tisch des Herrn das Brot brechen und ihm den Kelch reichen. Ferner wollen wir uns dem anderen mitteilen, indem wir beim Weiterreichen von Brot und Kelch jeweils sagen »Friede sei mit dir« oder ein anderes Wort der Gemeinschaft. So wollen wir in diesem Gottesdienst verdeutlichen, daß Abendmahl Einübung ins Teilen ist. Einübung ins Teilen, das dann auch Konsequenzen hat für unseren Alltag. Einige Konsequenzen für den Alltag wollen wir abschließend aufzeigen.

4. Angemessenes Abendmahlfeiern bleibt nicht ohne Konsequenzen

KonfirmandInnen zeigen Konsequenzen für die Familie, die Schule und das weltweite Zusammenleben auf:
1. Nach dem Abendmahl wird die Zusammengehörigkeit und das Zusammenleben in der Familie gestärkt.
Nach dem Abendmahl sollte man weniger Streit miteinander haben.
Und wenn doch Streit aufkommen sollte, sollte man gleich wieder schlichten.
Man muß anerkennen, daß andere Menschen anders sind als wir; auch unsere Eltern sollten wir besser verstehen, denn sie sind anders erzogen worden als wir.
2. Wenn wir Abendmahl feiern, sollen wir in der Schule und unter Freunden nicht mehr streitsüchtig sein; wir sollen zueinander halten.
Wenn ein Außenseiter in der Klasse ist, sollen wir ihn nicht ausschließen, sondern ihn in die Klassengemeinschaft einschließen.
Wir wollen mit anderen über unsere Probleme reden.
Wir wollen versuchen, mit dem Lehrer besser auszukommen und eine gute Beziehung zu ihm zu bekommen.
3. Nach dem Abendmahl sollen wir das weltweite Teilen verkünden und üben.
Wir sollen eine Gemeinschaft mit allen Menschen schließen.
Wir sollen anderen Menschen verzeihen und ihnen helfen, ihre Fehler wiedergutzumachen.
Wir wollen den Menschen, die Hunger leiden, etwas von unserem Überfluß abgeben.

5. Schlußgedanken

Pfr.: Wie wollen wir Abendmahl feiern? Unter dieser Frage stand heute unser Predigtteil. Und es zeigte sich, daß damit nicht nur die Frage nach einer angemessenen Form unserer Abendmahlsgottesdienste gestellt war, sondern zugleich auch die Frage nach einer angemessenen Beziehung zwischen dem Abendmahl und unserem Alltag. Gott lehre uns heute neu beim Abendmahl das Teilen, und er schenke uns Kraft und Phantasie, unser Leben mit anderen zu teilen. Amen.

Lied
Wir sind zum Mahl geladen (siehe Gottesdienst II, 1)

Es schließt sich die Feier des Abendmahls an, wobei die Form der Austeilung die eingangs geäußerte Kritik der KonfirmandInnen aufnimmt: Nach dem Friedensgruß singen die KonfirmandInnen das Lied »Kann denn das Brot so klein« (Neue geistliche Lieder III, BE 809; in »Leben entdecken«, S. 92), anschließend erfolgt die Austeilung, indem Brotscheiben weitergegeben werden. Jede(r) bricht seinem/ihrem Nachbarn bzw. seiner/ihrer Nachbarin ein Stück ab und sagt dabei: »Christi Leib für dich gegeben«, »Shalom« oder »Friede sei mit dir«. Auch beim Weiterreichen des Kelches wird der Friedensgruß gesprochen. Vor dem Entlaßspruch erhält jede/r KommunikantIn das Bild »Brot brechen«.

Jesus – Brot des Lebens (Joh 6,48ff)

Dieser Gottesdienst wurde mit KonfirmandInnen in der Weise vorbereitet, daß zum Predigttext Joh 6,48–51 (Predigttext zum Sonntag Lätare) folgendes Arbeitsblatt erstellt wurde, das in Gruppen zu bearbeiten war. Die Ergebnisse dieser Gruppenarbeit gingen in die Gestaltung der Predigt ein.

Predigttext für den Sonntag Lätare

Christus spricht: Ich bin das Brot des Lebens. Eure Väter haben in der Wüste das Manna gegessen und sind doch gestorben. Dies ist das Brot, das vom Himmel kommt, damit, wer davon ißt, nicht sterbe. Ich bin das lebendige Brot, das vom Himmel gekommen ist. Wer von diesem Brot ißt, der wird leben in Ewigkeit. Und dieses Brot ist mein Fleisch, das ich geben werde für das Leben der Welt.

Aufgaben zum Verständnis des Textes

1. Unterstreicht das zentrale Wort dieses Textes!
2. Was wißt ihr über das Manna, das die Väter gegessen haben?
3. Wie meint Jesus das, wenn er sagt, er sei vom Himmel gekommen (denkt bei dieser Frage an den 2. Artikel des Glaubensbekenntnisses)?
4. Durch welche Tat, durch welches Ereignis »gibt Jesus sein Fleisch hin, damit die Welt lebt« (denkt daran, in welcher Zeit des Kirchenjahres wir leben)?

Gruppenarbeit

1. Menschen in aller Welt haben Hunger – Hunger nicht nur nach Brot. Verfaßt eine Sprechmotette zum Thema »Menschen haben Hunger«. Verschiedene Personen sollen in dieser Sprechmotette sagen, wonach sie Hunger haben.
   Schema: Ich heiße...
   Ich bin...
   Ich habe Hunger nach..., weil...

2. *Ein Lied zum Predigttext*
Weizenkörner, Trauben, hört von unserm Glauben:
Wer nicht aufgerieben wird, wer sich das erspart, der bleibt hart.
Wer nicht in die Mühle fällt, leidet keine Not, wird kein Brot.
Wer nicht in die Kelter fällt, wird auch nicht gepreßt für das Fest.

Wenn Jesus sich als Brot des Lebens bezeichnet, was heißt das nach diesem Lied?
Wie müßten Christen nach diesem Lied leben als Brot für die Welt?

3. *Ein Text zum Thema »Brot und Wort«*
Unser tägliches Brot, von dem wir leben, ist auch das Wort eines Menschen. Wir können nicht leben, wenn nicht das Wort zu uns kommt, das ein anderer Mensch zu uns spricht. Vertrauen muß darin liegen, Weisung muß es geben, Klarheit und Freundlichkeit. Es ist kein Friede, wo Menschen nicht miteinander sprechen. Das Wort ist Brot.

Wort und Brot – was haben sie gemeinsam?
Wie kann man durch Worte gespeist werden, satt werden, Leben haben?
In welchen Worten begegnet uns heute Christus als Brot des Lebens?

4. *Ein Gedicht von L. Zenetti*
Was Jesus für uns tat bis in den Tod,
das kann nicht sterben, das liegt auf der Hand.

Das wiegt leicht wie Brot, das wiegt schwer wie der Tod,
das ist Brot zum Leben, das liegt auf der Hand.

Das ist sein Leib, verschenkt, verteilt,
einer für alle, das liegt auf der Hand.

Was Jesus für uns tat bis in den Tod,
das kann nicht sterben, das liegt auf der Hand.

a) Wie kann dieses Lebensbrot heute bei uns lebendig wirken? Wo können wir es »essen« und »schmecken«?
b) Erzählt kurz die Leidensgeschichte Jesu so, daß an ihr deutlich wird, wie Jesus sein Fleisch dahingibt für diese Welt!

Gottesdienstverlauf

Eingangslied
293,1–4 Jesu, meine Freude

Votum
Im Namen des Vaters, des Sohnes und des Heiligen Geistes. Amen.

Eingangsspruch
Christus spricht: Ich bin das Brot des Lebens. Wer zu mir kommt, den wird nicht hungern; und wer an mich glaubt, den wird nimmermehr dürsten.
Ehre sei dem Vater...

Eingangsgebet
Ich bin das Brot des Lebens, das hast du gesagt, Herr.
In Brot und Kelch erkennen wir, was du für uns getan hast.
Wir sind deine Tischgenossen.
Öffne unsere Augen, daß wir dich sehen im Brot.
Öffne uns die Augen, daß wir den Hunger der anderen sehen,
das Leiden der Menschheit, die sich im Streit um das Brot verzehrt.
Du bist das Brot und schenkst uns das Brot. Du gibst uns deine Liebe.
Hilf uns, weiterzugeben, was wir empfangen – Liebe und Brot.
Kyrie eleison...

Gnadenspruch
Darin besteht die Liebe: Nicht, daß wir Gott geliebt haben, sondern daß er uns geliebt hat und gesandt seinen Sohn zur Versöhnung für unsere Sünden.
Ehre sei Gott in der Höhe...

Lobvers
Lobsingt dem Herrn und preist seine Gnade: 228,1.3

Gruß

Kollektengebet
Herr, du hast dich geweigert,
Brot aus Steinen zu machen.
Du sagst, dein Wort sei Brot des Lebens.

Aber auch das Brot aus der Erde ist von dir.
Seit Menschen leben,
bist du es, der sie speist.

Ich danke dir für das Brot aus der Erde
und für das Brot, das vom Himmel kommt.
Ich esse, was du gibst.
Dafür sage ich dir Dank. Amen.

Schriftlesung: Amos 8,11.12

Lied
252,1–3 Lasset uns mit Jesum ziehen

Predigt über Joh 6,48–51

Pfr.: Gnade sei mit euch und Friede von Gott, unserem Vater, und dem Herrn Jesus Christus. Amen.
Liebe Gemeinde!
Diese Predigt haben einige KonfirmandInnen mit mir zusammen vorbereitet, und wir werden sie jetzt auch gemeinsam halten. Wir wollen versuchen, in ein Gespräch miteinander einzutreten über den Predigttext dieses Sonntags. Dazu hören wir zunächst eine Sprechszene, die die KonfirmandInnen selbst entwikkelt haben:

Konf. A: Ich heiße Florian Müller. Ich bin 14 Jahre alt und habe vor einem Jahr meine Eltern verloren. Ich habe Hunger nach Geborgenheit, Liebe, Geselligkeit in der Familie, weil ich bis vor dem Tod meiner Eltern dies alles gehabt habe.

Konf. B: Ich heiße Manfred Meier. Ich bin 80 Jahre alt und wohne im Altersheim. Ich habe Hunger nach Geborgenheit, weil es so etwas im Altersheim nicht gibt.

Konf. A: Ich heiße Maria Elisabeth Schulz. Ich bin 75 Jahre alt und wohne allein in einer Großstadt. Ich habe Hunger nach freundlichen Worten und nach einem Gesprächspartner, weil alle meine Bekannten schon gestorben sind.

Konf. B: Ich heiße Petra Becker. Ich bin ein 16jähriges heroinsüchtiges Mädchen. Ich habe Hunger nach Hilfe, weil ich es allein nicht schaffe, vom Heroin wegzukommen.

Konf. A: Ich heiße Natascha Babakowa. Ich lebe in Rußland. Ich habe Hunger nach Glaubensfreiheit.

Konf. B: Ich heiße Manfred Krug. Ich bin 92 Jahre alt und bin seit vielen Jahren allein. Ich habe Hunger nach einem Mitmenschen, dem ich meine Probleme ausbreiten kann, weil ich so einen Menschen nach dem Tod meiner Frau nicht gefunden habe.

Konf. A: Ich heiße Achmed Gunez. Ich bin ein Gastarbeiter aus der Türkei. Ich habe Hunger nach Freundschaft, weil ich als Außenseiter behandelt werde.

Pfr.: Menschen haben Hunger. Nicht nur Hunger nach Brot. Menschen hungern nach Geborgenheit, Liebe, Verständnis, Freundschaft, Freiheit, Gerechtigkeit. Sie haben Hunger nach Menschen, die ihnen helfen, ihren Hunger zu stillen. Hunger – wohin wir schauen. Und wer stillt diesen Hunger? Hierzu hören wir den Predigttext für den Sonntag Lätare aus dem 6. Kapitel des Johannesevangeliums:

Konf.: Christus spricht: Ich bin das Brot des Lebens. Eure Väter haben in der Wüste das Manna gegessen und sind doch gestorben. Dies ist das Brot, das vom

Himmel kommt, damit, wer davon ißt, nicht stirbt. Ich bin das lebendige Brot, das vom Himmel gekommen ist. Wer von diesem Brot ißt, wird leben in Ewigkeit. Und dieses Brot ist mein Fleisch, das ich geben werde für das Leben der Welt.

Pfr.: So einfach soll das also sein: Jesus – das Brot des Lebens? Jesus – der, der allen Hunger dieser Welt in Ewigkeit stillt? Jesus – der, der alle satt macht?

Konf.: Ja, das finde ich schon: Wenn ich an Jesus glaube, gibt mir das Hoffnung und Ansporn, das zu finden, wonach ich Hunger habe. Wenn ich an Jesus glaube, dann gehe ich ja auch in die Kirche. Dort finde ich Christen, die meinen Hunger nach Liebe und Gemeinschaft stillen. Wenn ich zu Jesus bete, dann fühle ich mich verstanden. Mein Hunger nach Verständnis wird gestillt.

Pfr.: So kann ich das schon akzeptieren: Ihr macht Erfahrungen mit Jesus, in denen euer Hunger gestillt wird. Ihr erfahrt Jesus also auf diese Weise als Brot des Lebens. Doch wollen wir einmal näher klären, wie Jesus eigentlich Brot des Lebens sein kann. Was ist mit diesem Begriff »Brot des Lebens« eigentlich genau gemeint? Uns ist klar, daß Brot in unserem Predigttext auch in übertragener Weise gebraucht wird.

Konf.: Unser tägliches Brot, von dem wir leben, ist auch das Wort eines Menschen. Wir können nicht leben, wenn nicht das Wort zu uns kommt, das ein anderer Mensch zu uns spricht. Vertrauen muß darin liegen, Weisung muß es geben, Klarheit und Freundlichkeit. Es ist kein Friede, wo Menschen nicht miteinander sprechen. Das Wort ist Brot.

Pfr.: Jesus als Brot des Lebens ist also auch Wort: Wort des Vertrauens, freundliches Wort, klärendes Wort, richtungsweisendes Wort.

Konf.: Halt, das reicht mir noch nicht. Das Brot des Lebens, das sind auch Worte, die trösten, die helfen. Worte, die Frieden stiften. Aber nicht nur Worte, auch Taten. Auch Taten, die zum Leben verhelfen, sind Brot des Lebens.

Pfr.: Und wo höre ich solche Worte? Wo geschehen solche Taten? Wo erfahre ich heute in diesem Sinn Jesus als das Brot des Lebens? Als Brot, das allen Hunger in Ewigkeit stillt?

Konf. A: Dort, wo ein einsamer Mensch aufgenommen wird in eine Gemeinschaft.

Konf. B: Dort, wo ein alter Mensch im Altersheim Geborgenheit findet.

Konf. A: Dort, wo eine alleinstehende, alte Frau auch in einer Großstadt Menschen findet, die freundliche Worte für sie übrig haben.

Konf. B: Dort, wo drogenabhängige Jugendliche nicht verurteilt werden, sondern Hilfe bekommen.

Konf. A: Dort, wo den Menschen in unfreien Ländern Menschenrechte zugestanden werden.

Konf. B: Dort, wo ein alter Mensch, der seinen Lebenspartner verloren hat, Menschen findet, mit denen er seine Probleme besprechen kann.

Konf. A: Dort, wo Außenseiter in unserer Gesellschaft nicht ausgestoßen, sondern aufgenommen werden.

Konf. B: Wir finden auch im Abendmahl Jesus – das Brot des Lebens.

Pfr.: Dort also erfahren wir überall, daß Jesus das Brot des Lebens ist. Ich frage mich aber, woher wissen wir das eigentlich, daß Jesus so gelebt hat, daß wir ihn als Brot des Lebens erfahren können? Woher wissen wir eigentlich, daß alles, was wir bisher gesagt haben, kein leeres Geschwätz ist? Wie können wir denn wissen, daß in Worten und Taten, die zum Leben verhelfen, wirklich Jesus als Brot des Lebens uns begenet?

Konf. A: In diesen Wochen des Kirchenjahres denken wir doch in besonderer Weise an das Leiden und das Sterben Jesu. Wir erinnern uns daran, was vor fast 2000 Jahren in Jerusalem passiert ist.

Konf. B: Damals geriet Jesus durch den Verrat des Judas in die Mahlsteine des Leidens. Diese Mahlsteine bestanden aus den Leiden, die ihm im Gefängnis von den römischen Soldaten zugefügt wurden, aus dem Leidensweg bis zur Kreuzigung und aus der Kreuzigung selbst. Jesus starb damals für uns am Kreuz. Das heißt: Er ließ sich in der Mühle des Leidens für uns aufreiben. Er wurde Brot des Lebens.

Pfr.: Durch sein Leiden und Sterben, dadurch, daß er sich aufreiben ließ, wurde Jesus Brot des Lebens für uns. Deshalb können wir heute Jesus als Brot des Lebens begegnen. Wir machen heute Erfahrungen mit diesem Brot des Lebens, indem wir Menschen begegnen, die diesem Jesus nachfolgen. Denn Christen, die Jesus nachfolgen, werden selbst Brot für andere. Sie lassen sich wie Jesus aufreiben, indem sie anderen Menschen Liebe und Geborgenheit, Verständnis und Freundschaft, Freiheit und Gerechtigkeit zukommen lassen, auch wenn sie dabei zwischen den Mahlsteinen der Welt scheinbar zerrieben werden. Wie Christen in der Nachfolge Jesus selber Brot für andere werden können, das beschreibt ein neues Kirchenlied folgendermaßen:

Konf.: Weizenkörner, Trauben, hört von unserm Glauben:
Wer nicht aufgerieben wird, wer sich das erspart, der bleibt hart.
Weizenkörner, Trauben, hört von unserm Glauben:
Wer nicht in die Mühle fällt, leidet keine Not, wird kein Brot.
Weizenkörner, Trauben, hört von unserm Glauben:
Wer nicht in die Kelter fällt, wird auch nicht gepreßt für das Fest.

Pfr.: Als Christen erinnern wir uns an Jesus, das Brot des Lebens.
Als Christen können wir auch für andere Brot werden – Brot des Lebens. Amen.

Eventuell kann hier das Lied »Weizenkörner, Trauben« mit Tonband eingespielt werden (in: Spiellieder zum äthiopischen Misereor-Hungerbuch), dann entfällt das nachfolgende Lied.

Lied
Komm, sag es allen weiter (in: »Leben entdecken«, S. 177)

Fürbittgebet
Vater unser, unser tägliches Brot gib uns heute.
Diese Erde ist das Haus deiner Kinder, alle Menschen sind deine Geschöpfe, die Reichen und die Armen, die Deutschen und die Gastarbeiter, die Jungen und die Alten, die Gesunden und die Kranken, die Einsamen und die, die glücklich leben in ihrer Gemeinschaft.
Vater unser, du hast keine Lieblingskinder, du vertraust uns diese Welt an, daß wir sie in deinem Geist gestalten und brüderlich teilen, was wir haben an Nahrung und Kleidung, Wohnung und Geld, Heimat und Gemeinschaft, Arbeit und Wissen, Zeit und Gesundheit.
Vater unser, unser tägliches Brot gib uns heute und einen brüderlichen Sinn, daß an deinem irdischen Tisch keiner leer ausgeht und sich alle miteinander freuen an dem, was du uns schenkst.

Vaterunser

Präfation
Ein Stück Brot in meiner Hand – mir gegeben,
daß ich lebe, daß ich liebe,
daß ich Speise bin für die andern.
Ein Schluck Wein in meinem Mund – mir gegeben,
daß ich lebe, daß ich liebe,
daß ich Trank bin für die andern. (L. Zenetti)

Sanctusgesang

Anamnese

Christe, du Lamm Gottes

Austeilung

Schlußlied
165,1–3 Im Frieden dein

Abkündigungen

Segen

Geschenkbände die durch Eigenarbeit zu wertvollen Begleitern für den weiteren Lebensweg werden.

NEU

Konfirmation

Mein Erinnerungsalbum
Claudia Ewald-Freudenberger (Hg)
32 Seiten, zahlreiche farbige Abb. DM 12,80
ISBN 3-7668-3149-6*

NEU

Konfirmation

Festtag meines Lebens
Ein Erinnerungsalbum
Dietrich Hellmund (Hg)
64 Seiten, 20 farbige Abbildungen. Goldschnitt, Ledereinband DM 48,-
ISBN 3-7668-3151-8*

7. Auflage

Konfirmation

Festtag meines Lebens
Ein Erinnerungsalbum
Dietrich Hellmund (Hg)
64 Seiten, 20 farbige Abbildungen. DM 19,80
ISBN 3-7668-0741-2*

Taufe

Festtag in Familie und Kirche. Ein Erinnerungsalbum. Dietrich Hellmund (Hg)
64 Seiten, 15 teilweise farbige Abbildungen.
Gebunden DM 21,-
ISBN 3-7668-3077-5

Taufe

Erinnerungsalbum.
Verena Zemme (Hg)
Illustriert von Robert Erker.
32 Seiten, zahlreiche farbige Abbildungen.
Gebunden DM 12,80
ISBN 3-7668-3129-1*

Unser Kind

Ein Erinnerungsalbum.
Verena Zemme (Hg)
Illustriert von Robert Erker.
52 Seiten, zahlreiche farbige Abbildungen.
Gebunden DM 19,80
ISBN 3-7668-3137-2*

*In Zusammenarbeit mit dem Pattloch-Verlag.

Georg Baudler

Gott im Gekreuzigten sehen

Eine christliche Sehschule für die Passions- und Osterzeit mit 11 Bildern von Roland Peter Lizenburger.
18 Farbdias mit Begleitheft.
DM 58,- (unverb. Preisempf.)
ISBN 3-7668-0864-8

Sigrid und Horst Klaus Berg (Hrsg.)

Biblische Texte verfremdet

Bd. 10: Wege nach Golgatha
DM 16,80. ISBN 3-7668-3027-9
Bd 12: Auferstehung
Verwandlung ins Leben
DM 16,80. ISBN 3-7668-3047-3

David Flusser

Die letzten Tage Jesu in Jerusalem

Das Passionsgeschehen aus jüdischer Sicht. Bericht über neueste Forschungsergebnisse.
164 Seiten, 36 Fotos,
Karten und Zeichnungen. DM 19,80
ISBN 3-7668-0676-9

Mitten im Schweigen ist Licht

Botschaft eines Behinderten
Eine Diaserie von Markus Hartenstein und Christine Fausel. Mit Bildern von Karl Gindele.
18 Farbdias mit Begleitheft.
DM 58,- (unverb. Preisempf.)
ISBN 3-7668-3090-2

Zum Jahr der Bibel

220 S. DM 29,80 · 3-7668-3127-5

Weil die Bibel eine Bibliothek von über 50 Büchern ist.

XVI, 1708 S. DM 128,- · 3-7668-3029-5

Weil über 10.000 Stichwörter an über 300.000 Fundstellen zu finden sind.

32 S., 16 farbige Karten, 3 sw-Blätter, DM 5,80 · 3-7668-0246-1

Weil die Geschichte der Bibel sich auf kleinstem Raum im Vorderen Orient abgespielt hat.

Farbige Sonderausgabe, 1480 Sp.
65 Zeichnungen, 14 Kartenskizzen, 48 farbige Kunstdrucktafeln.
Kt DM 29,80. 3-7668-3028-7
Ln DM 48,-. 3-7668-3031-7

Weil man viel über die Bibel weiß, was nicht in der Bibel steht.

488 Seiten. DM 49,80 · 3-7668-3121-6
In Zusammenarbeit mit dem Kösel-Verlag

Weil es zwischen einst und jetzt Verständigungsschwierigkeiten gibt.

Übrigens: Bei Calwer ist jedes Jahr ein Jahr der Bibel – und zwar seit über 150 Jahren!

Gottesdienst & Gemeinde

Sigrid Berg

Kreative Bibelarbeit in Gruppen

16 Vorschläge
160 Seiten mit 6 Dias. DM 32,-
ISBN 3-7668-3142-9
In Zusammenarbeit mit dem Kösel-Verlag

Michael Herbst

Missionarischer Gemeindeaufbau in der Volkskirche

478 Seiten. DM 58,-
ISBN 3-7668-0831-1

Ihre Buchhandlung ____________

Ulrich Fischer

Konfirmanden gestalten Gottesdienst

30 Beispiele für die Praxis
154 Seiten, zahlreiche Abb. DM 34,-
ISBN 3-7668-3122-4

Die Motive Jesu

Das Vaterunser kommentiert und ausgelegt von Werner Grimm.
Biblisch-Theologische Grundlagen Bd. I
Ca. 170 Seiten. Geb. Ca. DM 34,-
ISBN 3-7668-3141-0

Hans-Christoph Schmidt-Lauber/
Manfred Seitz (Hg)

Der Gottesdienst

Grundlagen und Predigthilfen zu den liturgischen Stücken.
Ca. 240 Seiten. ca. DM 39,80
ISBN 3-7668-3163-1

Hans-Christoph Schmidt-Lauber

Die Zukunft des Gottesdienstes

Von der Notwendigkeit lebendiger Liturgie
ctb 19. 482 Seiten. DM 38,-
ISBN 3-7668-3086-4

Preisstand 1. 1. 1992. Änderungen vorbehalten.

calwer

III. Gottesdienste zum Themenkreis »Glaubensbekenntnis«

Ein Ziel des Konfirmandenunterrichts ist es, den KonfirmandInnen die Aussagen der altkirchlichen Glaubensbekenntnisse (v. a. Apostolicum) verständlich zu machen. Um dies Ziel zu erreichen, ist es hilfreich, die Geschichte des Glaubensbekenntnisses mit KonfirmandInnen zu erarbeiten und KonfirmandInnen zur Abfassung eigener Glaubensbekenntnisse zu befähigen. Diese im Konfirmandenunterricht durchgeführten Arbeitsschritte bildeten die Grundlage für folgenden Gottesdienst, der bei seiner Durchführung mit einer Taufe verbunden war, der aber auch als Hauptgottesdienst ohne Taufe gestaltet werden kann.

Viele Glaubensbekenntnisse – ein Glaube

Die Eingangsliturgie verläuft wie normal, dann folgt – vor dem Glaubensbekenntnis – der mit den KonfirmandInnen gestaltete Predigtteil:

Liebe Gemeinde!
Zur Taufe gehört der Glaube. Bei der Taufe kleiner Kinder bekennen die Eltern zunächst stellvertretend ihren christlichen Glauben, später einmal soll das Kind in der Konfirmation seinen Glauben selbst bekennen. Viele Worte dieses Glaubensbekenntnisses sind uns heute fremd. Wir wollen in diesem Gottesdienst zusammen mit den KonfirmandInnen einmal versuchen darzustellen, wie unser Glaubensbekenntnis entstanden ist und wie es zu verstehen ist. Wir werden auch versuchen, unseren Glauben mit eigenen Worten zu bekennen, ja auch im Lied.
Zunächst machen wir einen großen Schritt zurück in die Geschichte. Die älteste Christenheit kannte noch keine Kindertaufe. In der Urgemeinde wurden die Erwachsenen getauft, wobei sie damals schon vor der Taufe ein Glaubensbekenntnis ablegten. Ein solches altes Bekenntnis überliefert uns Paulus im 10. Kapitel des Römerbriefes:

Lesung von Röm 10,9 und kurze Interpretation durch KonfirmandInnen:
Paulus schreibt: Wenn du mit deinem Mund bekennst, daß Jesus der Herr ist, und in deinem Herzen glaubst, daß Gott ihn von den Toten auferweckt hat, so wirst du gerettet.
Paulus meint damit: Wenn ich mich zu Jesus bekenne und an die Auferstehung der Toten glaube, dann werde ich immer Trost finden, dann werden meine Tage erfüllt sein, dann werde ich nie allein sein, dann muß ich keine Angst haben.

Pfr.: Ja, das älteste Taufbekenntnis der Christenheit war sehr kurz und knapp. Wir haben dieses älteste Bekenntnis hier einmal dargestellt.

Gezeigt wird nun eine im Konfirmandenunterricht gefertigte Folie, die von einer Konfirmandin erklärt wird.

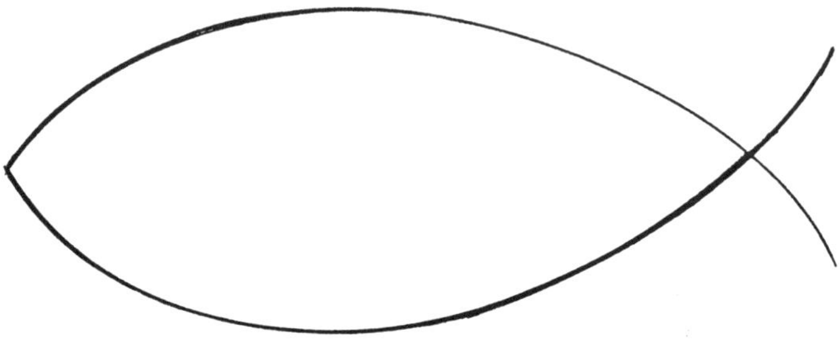

ICHTHYS = der Fisch

I = JESUS

CH = CHRISTOS

TH = THEOU (=Gottes)

Y = YIOS (= Sohn)

S = SOTER (= Retter)

Konf.: Das älteste Glaubensbekenntnis gebrauchten die Christen während der Christenverfolgung unter den Römern, indem sie einen Fisch an ihre Häuser malten. An dem Zeichen des Fisches erkannte man, daß sie Mitglieder der christlichen Gemeinde waren.
Fisch heißt auf Griechisch Ichthys. Jeder Buchstabe steht für ein Wort, das I steht für IESUS, das bedeutet Jesus, das CH für CHRISTOS, also Christus, das TH für THEOU, das heißt Gottes, das Y für HÜOS – Sohn, das S für SOTER, das bedeutet Heiland.
Alles zusammen bedeutete also: Wir glauben, daß Jesus Christus Gottes Sohn und der Heiland ist.

Pfr.: Im Laufe von 300 Jahren wurde aus diesem kurzen Taufbekenntnis das große apostolische Glaubensbekenntnis, das wir in unseren Gottesdiensten sprechen. Das Bekenntnis zu Jesus Christus, dem Gottessohn, wurde erweitert zum Bekenntnis zu Gott, dem Vater, und zum Heiligen Geist. Man nannte dieses Glaubensbekenntnis apostolisch, weil man meinte, schon die Apostel hätten dieses Bekenntnis verfaßt. Wir wollen uns nun hineinstellen in die Geschichte unserer Kirche und als Zeichen der weltweiten kirchlichen Gemeinschaft unseren Glauben mit den Worten des apostolischen Glaubensbekenntnisses bekennen.

Apostolisches Glaubensbekenntnis (Gemeinde spricht mit)

Pfr.: Viele Aussagen dieses Glaubensbekenntnisses sind uns heute fremd. Zwei KonfirmandInnen werden nun versuchen, die Aussagen des Glaubensbekenntnisses mit ihren Worten zu erklären.

KonfirmandInnen lesen nun das apostolische Glaubensbekenntnis in Abschnitten und dazu ihre eigene Erklärung dieses Bekenntnisses.

Ich glaube an Gott, den Vater, den Allmächtigen.
Weil Gott die Macht hat, gibt es für uns keinen anderen Herrscher.

Ich glaube an Gott, den Schöpfer des Himmels und der Erde.
Gott hat die Welt erschaffen, darum sollen wir uns immer merken, wenn wir die Welt zerstören, uns als Machthaber aufspielen oder über andere Menschen herfallen und sie verhungern lassen, daß die ganze Welt Gottes Werk ist. Wir sollen auch immer daran denken, daß Gott uns so geschaffen hat, wie wir sind.

Ich glaube an Jesus Christus, Gottes eingeborenen Sohn, unsern Herrn, empfangen durch den Heiligen Geist, geboren von der Jungfrau Maria.
Jesus lebte als Mensch unter uns. Somit zeigte er uns, daß er fühlte wie ein Mensch, also wie wir. Damit zeigte er uns, daß wir alle Gottes Kinder sind und uns nicht gegenseitig Schaden zufügen sollen.

Ich glaube an Jesus Christus, gelitten unter Pontius Pilatus, gekreuzigt, gestorben und begraben, hinabgestiegen in das Reich des Todes.
Jesus liebte uns und zog den Haß seiner Mitmenschen auf sich. Deshalb wurde er gekreuzigt und befreite uns von Haß, Lüge und Angst durch seinen Tod.

Ich glaube an Jesus Christus, am dritten Tage auferstanden von den Toten, aufgefahren in den Himmel.
Durch seine Auferstehung bewies uns Jesus, daß er das Leben und nicht der Tod ist. Er kämpft gegen Angst und Tränen und gegen die Ungerechtigkeit unter Menschen. Er sucht Freunde für seinen Frieden.

Ich glaube an Jesus Christus, er sitzt zur Rechten Gottes, des allmächtigen Vaters, von dort wird er kommen, zu richten die Lebenden und die Toten.
Weil Jesus der Gott auf Erden ist, vergessen wir seine Macht und seinen Namen nicht; er liebt die Schwachen, auch sie rechnen mit seiner Macht.

Ich glaube an den Heiligen Geist, die heilige christliche Kirche, Gemeinschaft der Heiligen, Vergebung der Sünden, Auferstehung der Toten und das ewige Leben.

Gottes Geist kann man nicht einfangen, er bleibt in uns Menschen lebendig. Er leitet uns wie ein Schäfer seine Herde. Gott tritt für uns ein und bringt uns ein neues, besseres Leben in Frieden und Glück.

Pfr.: Auch heute bekennen Christen ihren Glauben. Sie tun es nicht nur mit den traditionellen Worten alter Bekenntnisse. Neue Bekenntnisse werden formuliert, ja auch in Liedern bekennen Christen ihren Glauben. Wir wollen ein solches Glaubenslied nun miteinander singen, ein Lied, das den Glauben zu Gott, dem Schöpfer, zum Inhalt hat.

Lied
Gott liebt diese Welt (dieses Lied ist in zahlreichen Anhängen der einzelnen Landeskirchen und in Kirchentagsliederbüchern abgedruckt)

Pfr.: Einige KonfirmandInnen haben sich Gedanken gemacht über die Frage, welchen Sinn es für sie hat, den Glauben zu bekennen. Hier einige Antworten:

Das Glaubensbekenntnis hat den Sinn, daß man sich als Christen untereinander erkennt.
Es hat den Sinn, etwas über Jesus und Gott zu erfahren und Gottes Liebe zu verstehen.
Man muß auch nach dem Bekenntnis leben: Zum Beispiel beinhaltet das Bekenntnis »Ich glaube an Gott« für mich auch die 10 Gebote. Nach diesen Geboten versuche ich zu leben und zu handeln.
Durch meinen Glauben habe ich Frieden, nicht nur den Frieden im Krieg, sondern auch den Frieden im Herzen.
Durch meinen Glauben habe ich Halt, wenn ich traurig bin, und Mut, wenn ich etwas Wichtiges tue, weil ich denke, daß Gott bei mir ist.

Pfr.: Zwei KonfirmandInnen werden nun ein Glaubensbekenntnis vorlesen, das in der Konfirmandengruppe verfaßt wurde. Es ist der Versuch, mit eigenen Worten auszudrücken, was der christliche Glaube jungen Menschen bedeutet.

Glaubensbekenntnis von KonfirmandInnen:

Ich glaube, daß Gott so groß ist, daß er uns alle sehn kann,
daß er uns beisteht und uns den richtigen Weg weist,
daß er überall ist, auch wenn ich ihn nirgends sehe.
Ich glaube, daß Gott mir über die Tiefen des Lebens hinweghilft,
daß er mich führt in meinem Leben.
Ich glaube an Jesus Christus, Gottes Sohn. In ihm ist uns Gott erschienen.
Er hat Kranke geheilt und Verzweifelten neuen Mut gegeben,
er hat für uns Menschen gelitten und ist für uns gekreuzigt worden.
Ich glaube an die Erlösung aller Menschen und an das Leben nach dem Tode.
Ich glaube, daß alle Menschen eines Tages wie eine große Familie sein
werden.

Ich glaube an die Gemeinschaft der Christen, die Kraft des Lebens und das ewige Leben.

Ansprache über Glauben und Bekennen

Liebe Gemeinde! Liebe Eltern und Paten!
Glaubensbekenntnis – ein geheimnisvolles Wort, das viele Fragen aufwirft. Wie reden wir heute eigentlich vom Bekennen? Da bekennt sich einer vor Gericht schuldig.
Ein Anwärter für den öffentlichen Dienst bekennt sich zur freiheitlich-demokratischen Grundordnung.
Politiker bekennen sich zu Freiheit und Gerechtigkeit.
Terroristen bekennen sich zu einem Terroranschlag.
Autofahrer bekennen sich durch Aufkleber »Atomkraft – nein danke« zu ihrem Widerstand gegen Atomkraftwerke.
Und manchmal bekennen sich auch Menschen zu Gott.
Viele solcher Bekenntnisse gehen leicht über die Lippen, weil sie nur bloße Lippenbekenntnisse sind. Bekenntnisse, die einen guten Eindruck machen. Ja: Wer sich heute öffentlich zu einer Sache bekennt, vor dem haben wir Respekt. Bekennermut wird anerkannt. Aber als bloßes Lippenbekenntnis klingt jedes Bekenntnis hohl. Echtes Bekennen ist mehr: ist Eintreten und Einstehen für eine Sache. Echtes Bekennen geschieht mit Herzen, Mund und Händen. Und erst solch ein echtes Bekennen fordert wirklich Respekt. Wer ein großes Auto fährt und es mit einem Aufkleber verziert »Atomkraft – nein danke«, der legt doch nur ein Lippenbekenntnis ab. Respekt verdient nur der, der wegen seiner Gegnerschaft gegen die Atomkraft auch wirklich Konsequenzen zieht, also auf sein Auto ganz oder zumindest weitgehend verzichtet. Bekennen hängt zusammen mit Tun, Bekennen kann Opfer bedeuten. Lippenbekenntnisse dagegen sind hohl und unglaubwürdig.
Glaubensbekenntnis. Ein Schleier vor diesem geheimnisvollen Wort hat sich damit gelüftet: Unser Bekenntnis des Glaubens darf kein bloßes Lippenbekenntnis sein. Wie jedes Bekennen, so fordert auch das Bekennen des Glaubens den ganzen Menschen. Es ist eben nicht damit getan, daß wir am Sonntagmorgen im Gottesdienst das Glaubensbekenntnis sprechen, dieses Glaubensbekenntnis will gelebt sein an allen Tagen unseres Lebens.
Aber wozu bekennen wir uns im Glaubensbekenntnis? Und was bekennen wir? Jedem von uns sind doch wohl einige Aussagen des apostolischen Glaubensbekenntnisses unglaubwürdig geworden. Wer hat denn keine Schwierigkeiten mit solchen Glaubensaussagen wie »empfangen durch den Heiligen Geist, geboren von der Jungfrau Maria, aufgefahren in den Himmel, sitzend zur Rechten Gottes, von dort wird er wiederkommen«? Ich jedenfalls habe Schwierigkeiten mit diesen Glaubenssätzen und kann sie nicht mit vollem Herzen bekennen. Ich bete diese Aussagen des Glaubensbekenntnisses mit, weil in diesem Bekenntnis die weltweite Gemeinschaft aller Christen ihren Ausdruck findet, aber als Bekenntnis meines eigenen Glaubens kann ich sie nur schwer nachvollziehen.

Und weiter: Wird uns der Glaube nicht von vielen Seiten schwergemacht? Durch die Unglaubwürdigkeit der Kirche, ihrer Vertreter oder einzelner Christen, ja, auch durch das allzu vollmundige Bekennen einiger Christen. Weiter durch unvorstellbares Leid auf dieser Welt, durch persönliche Erfahrungen, die uns den Glauben nehmen. Überlegen wir doch einmal einen Augenblick ganz in der Stille, wie eigentlich der Glaube aussieht, zu dem wir uns bekennen könnten.

Stille zum Nachdenken

Ich glaube, dieses Nachdenken läßt uns deutlich spüren: Was wir selbst eigentlich glauben, wozu wir uns mit Herzen, Mund und Händen selbst bekennen, das läßt sich kaum fassen, kaum formulieren. Es geht uns mit unserem Glauben so wie jenem Mann, der zu Jesus sagte: »Herr, ich glaube, hilf meinem Unglauben!« Wenn wir uns zu unserem Glauben bekennen, müssen wir im gleichen Atemzug sagen, daß dieser Glauben uns immer neu von Gott geschenkt werden muß. Wir haben unseren Glauben nicht wie einen Besitz, sondern unser Glauben ist täglich bedroht vom Unglauben. Und nur im Wissen um diese Bedrohung können wir unseren Glauben bekennen. Wir können im Glauben nichts festhalten, sondern wir können nur offen sein auf Gottes Tun hin. Wir können nur so glauben, daß wir als Ungläubige von Gott beschenkt werden.
Glaubensbekenntnis. Ein zweiter Schleier vor diesem geheimnisvollen Wort hat sich gelüftet. Glauben bekennen kann ich nicht, indem ich Sätze, Formeln, Bekenntnisse wie meinen Besitz festhalte. Glauben bekennen kann nur geschehen im steten Tasten, Suchen, Stammeln und Tun dessen, der weiß: Mein Glaube ist stets bedroht und gefährdet durch Unglauben, deshalb habe ich meinen Glauben nie als Besitz, sondern empfange ihn immer neu als Geschenk Gottes. Amen.

Tauffrage
Liebe Eltern und Paten! Ihr habt gehört, was es heißt, zu glauben und seinen Glauben zu bekennen. Ich frage euch jetzt vor Gott und vor der Gemeinde. Wollt ihr euer Kind im suchenden Glauben an Gott taufen, und wollt ihr eurem Kind Begleiter werden auf dem Weg des Glaubens, dann antwortet gemeinsam: Ja.

Der Gottesdienst wird mit der *Taufe* fortgesetzt.

Das *Fürbittgebet* kann noch einmal auf den Predigtteil Bezug nehmen:
Herr Gott, wir bitten dich für das getaufte Kind: Laß es in seinem Leben Erfahrungen machen, die es zum Glauben führen.
Wir bitten dich für alle, die ihren Glauben verloren haben durch Erfahrungen der Not, durch Schicksalsschläge, durch Verkennung ihrer eigenen Grenzen oder durch Übermut des Verstandes. Laß sie erkennen, daß ihr Leben ohne den Glauben an dich seinen Halt verliert.
Wir bitten dich für die glaubenden Christen, daß sie ihren Glauben glaubwürdiger bekennen mit Herzen, Mund und Händen und sich hüten vor hohlen Lippenbekenntnissen. Und uns alle, Herr, erinnere daran, daß der Glaube ein Geschenk ist, das wir täglich neu von dir empfangen. Amen.

Ich möchte glauben können

Gottesdienstverlauf

Eingangslied
Von guten Mächten (1–3.7)

Votum

Spruch
Wir liegen vor dir mit unserem Gebet und vertrauen nicht auf unsere Gerechtigkeit, sondern auf deine große Barmherzigkeit.
Ehre sei dem Vater...

Gebet
Gott, du bist größer, als wir denken können.
Mit unserem Verstand werden wir dich niemals ganz erfassen.
Endlos können wir über dich nachdenken und kommen doch nie zu einem Ende.
Es ist gut, finden wir, daß wir nicht ein fertiges Bild von dir übernehmen müssen.
Wir sollen eigene Erfahrungen mit dir machen.
Wir dürfen erwarten, daß wir dich immer neu und immer anders kennenlernen.
Laß uns offen werden für dich.
Wir bitten dich, daß du uns begegnest in dem, was wir von dir erfahren,
daß du bei uns bist und uns führst.
Mach uns aufmerksam auf Zeichen von dir in unserem Leben. Amen.
Kyrie eleison

Gnadenspruch
Hört, was Jesus Christus denen verheißt, die an Gott glauben: Wer mein Wort hört und dem glaubt, der mich gesandt hat, der hat das ewige Leben.
Ehre sei Gott in der Höhe...

Lobvers
Lobsingt dem Herrn und preist seine Gnade: 234,1.3

Predigtteil »Ich möchte glauben können – ich möchte Christ sein«

Einleitung des Pfarrers/der Pfarrerin
Taufe = Beginn des Christseins
Konfirmation = Ja zum Christsein
Das Leben als Christ = ein lebenslanger Prozeß, ein Lernen im Glauben

KonfirmandInnen sagen uns, wo sie heute in ihrem Glauben stehen:

1. Was an der Kirche ist so unglaubwürdig, daß es uns schwerfällt zu glauben?

Mich stört, daß viele nur aus Gewohnheit in die Kirche gehen und um ihren Seelenfrieden zu erhalten.
Mich stört, daß manche Christen sich nach außen hin gläubig geben, aber innerlich überhaupt nicht nach den Grundsätzen handeln.
Mich stört, daß die Gemeinde nur eine Scheingemeinschaft ist.
Mich stört, daß es zweimal monatlich Abendmahl gibt. Einmal im Monat würde reichen, denn es besteht die Gefahr, daß die Menschen überhaupt nicht mehr wissen, warum sie zum Abendmahl gehen.
Mich stört, daß das Abendmahl nicht ökumenisch gefeiert wird.
Mich stört, daß es in der Kirche eine Rangordnung gibt.
Mich stört die Feindschaft zwischen den Kirchen, es gibt doch nur einen Glauben, und Gott ist doch der gleiche.

2. Womit habe ich Schwierigkeiten in meinem Glauben?

Es fällt mir schwer, so zu leben, wie es der Glaube von mir verlangt, zum Beispiel, wenn ich jemandem helfen müßte und zu feige bin, oder wenn alle aus meiner Clique ein Mofa haben und ich als einziger habe keines, weil ich die Umwelt schützen will, oder wenn ich beim Militär einmal den Befehl bekommen sollte, auf einen Menschen zu schießen.
Vieles kann ich nicht begreifen, zum Beispiel, daß Gott Rüstung und Krieg zuläßt, während andere Menschen hungern, daß Gott einem Menschen die Mitmenschen entreißt und daß es danach eine Auferstehung geben soll, auch daß er Menschen leiden läßt. In diesem Zusammenhang kann ich schwer an die Wunder in der Bibel glauben.
Wie kann Gott es zulassen, daß Menschen in einer Sekte kaputtgemacht werden und daß sein Name für Quälerei und Eroberung mißbraucht wird?
Ich kann nicht verstehen, daß Ungerechtigkeit und Rassentrennung auf der Welt herrschen, während Gott scheinbar tatenlos zusieht.
Für mich ist es schwer zu verstehen, daß Gott seine Schöpfung kaputtgehen läßt.

3. Wie können wir unseren Glauben bekennen?

Ich bin überzeugt, daß Gott der Vater aller Lebewesen ist, der für uns Himmel und Erde geschaffen hat. Gott ist mein Freund, ihm vertraue ich, weil er mir aus jeder Lage den richtigen Ausweg zeigen kann. Er hilft mir, die Probleme des Alltags zu meistern.
Ich bin überzeugt, daß der Geist Gottes in Jesus Christus war. Daß wir von ihm lernen und uns an ihm ein Beispiel nehmen können. Daß er uns zeigt, daß für Gott jeder Mensch gleich ist.
Ich bin überzeugt, daß Gott uns einen guten Geist geschenkt hat, mit dem wir in der Gemeinschaft der Kirche an ihn glauben. Daß er unsre Sünden vergibt und uns ein ewiges Leben nach dem Tode schenkt. Amen.

4. Christsein heißt: nicht fertig sein mit seinem Glauben.

Liebe Gemeinde!
Was uns die KonfirmandInnen eben mitgeteilt haben über ihre Schwierigkeiten mit ihrem Glauben, das war ehrlich. Manchen mag solche Ehrlichkeit schockieren, haben wir doch zumeist im Konfirmandenunterricht gelernt, daß man an bestimmte Lehrsätze des Christentums einfach glauben muß. Die eigenen Zweifel zur Sprache zu bringen, haben wir im Konfirmandenunterricht nicht gelernt.
Andere mögen angesichts dessen, was einige KonfirmandInnen sagten, erleichtert aufgeatmet haben: Gott sei Dank, daß endlich mal jemand ausspricht, was auch mich an Zweifeln quält!
Und sicher hat jeder gespürt: Hier reden junge Menschen, die noch unfertig sind, deren Glaube noch im Werden ist. Und mancher wird sich gefragt haben: Wie steht es eigentlich bei mir? Bin ich fertig im Glauben? Oder mache ich in meinem Glauben auch noch neue Erfahrungen, die mich verändern, mich glücklich machen, mich zweifeln lassen?
Ich muß an eine kleine Geschichte denken, die in den Evangelien berichtet ist: Eines Tages fragte Jesus seine Jünger: »Wer, meinen die Leute, daß ich sei?« Die Jünger berichteten, daß viele ihn für einen großen Propheten hielten. Da fragte Jesus: »Ihr aber, für wen haltet ihr mich?« Da antwortete Petrus: »Du bist der Christus!« Da erzählte Jesus ihnen, daß er bald in Jerusalem viel erleiden und schließlich auch sterben müsse, daß er dann aber auferstehen werde. Als Petrus dies hörte, nahm er Jesus beiseite und rief entsetzt: »Herr, das darf mit dir nicht geschehen!« Da wurde Jesus zornig und herrschte den Petrus an: »Geh weg von mir, Satan, denn du meinst nur, was menschlich ist, nicht aber, was göttlich ist!«
Ich finde diese kleine Episode höchst lehrreich. Da begegnet uns in der Person des Petrus ein Mensch, der fest im Glauben an Jesus Christus steht. »Du bist der Christus!« Das ist sein Glaubensbekenntnis – kurz und bündig formuliert. Dieser Petrus begegnet uns wie einer, in dessen Glauben es keine Zweifel, keine Fragen zu geben scheint. Er hat den Katechismus gut gelernt. »Ich glaube an Jesus Christus, Gottes eingeborenen Sohn, unseren Herrn.«
Aber genau an dieser Stelle, wo Petrus seinen Glauben mit einer kurzen, griffigen Formel ausspricht, kommt ihm etwas in die Quere. Der Christus, sein Herr, beginnt nun davon zu reden, daß er leiden und sterben muß. Dieser Gedanke aber hat keinen Platz im Glauben des Petrus. Daß der Christus leiden und sterben wird, das stand nicht im Katechismus des Petrus. Und deshalb wehrt sich Petrus mit Händen und Füßen gegen diesen Gedanken.
Erkennen wir in diesem Petrus nicht uns selber wieder? Wir greifen doch in unserem Glauben so gern zu griffigen Formeln, zu auswendig Gelerntem, um Neues, was uns verunsichern könnte, gar nicht an uns heranzulassen. Wir ruhen uns gerne aus, indem wir uns ein klares Glaubensbild malen, mit dem wir uns zufriedengeben. Und da geschieht ein schreckliches Unglück, da ereilt uns eine schlimme Krankheit, da fordert uns jemand zur Auseinandersetzung heraus.
Und wir wehren uns, wir wollen die liebgewordenen Formeln des Glaubens festhalten, aber sie zerbrechen uns unter den neuen Erfahrungen des Glaubens. Und weil dies so ist, weil es im Glauben immer neue Erfahrungen gibt, deshalb können und dürfen wir unseren Glauben nicht in fertigen Sätzen einfangen und

für immer konservieren. Gerade Kinder spüren sehr wohl, ob ihre Eltern ihnen nur Glaubenskonserven aufgewärmt darreichen oder ob sie frische Glaubensfrüchte an sie weitergeben.
Glauben geschieht im lebenslangen Lernen. Glauben – das ist ein lebenslanger Prozeß, der in der Kindheit beginnt, mit dem Erwachsenwerden weitergeht und bis ins Alter hinein nicht aufhört. In unserem Glauben lernen wir lebenslang, werden wir als Gemeinde zu einer Lerngemeinschaft, in der neue Erfahrungen mit Gott gemacht und solche neuen Erfahrungen an andere weitergegeben werden. Als im Glauben voneinander lernende Gemeinde sind wir unterwegs, bis wir einst alle vom Glauben zum Schauen gelangen. Amen.

Fortsetzung des Gottesdienstes mit Predigtlied, Fürbittgebet, Vaterunser, Schlußlied, Segen.

Das Wagnis des Bekennens

Anläßlich einer ökumenischen Predigtreihe über die Theologische Erklärung von Barmen entstand folgender Einstieg in einen Predigtteil, der auch in andere Kontexte einzugliedern ist. Dieser Einstieg setzt eine Unterrichtseinheit über Bekennende Kirche und über das Leben Dietrich Bonhoeffers voraus.

1. Bekenntnis im Urchristentum

Pfr.: Wir haben im Konfirmandenunterricht der letzten Wochen das Thema »Was heißt bekennen?« behandelt. Dabei haben wir gemerkt, daß das Bekenntnis zu Jesus Christus schon zu allen Zeiten im Mittelpunkt des christlichen Glaubens stand. Wir hören zwei Texte aus dem Neuen Testament, die uns zeigen, wie dieses Bekenntnis in der Urchristenheit formuliert wurde:

Konf.: Jesus ging fort mit seinen Jüngern in die Dörfer bei Cäsarea Philippi. Und auf dem Wege fragte er seine Jünger und sprach zu ihnen: »Wer sagen die Leute, daß ich sei?« Sie antworteten: »Einige sagen, du seist Johannes der Täufer; einige sagen, du seist Elia; andere, du seist einer der Propheten.« Und er fragte sie: »Ihr aber, wer sagt ihr, daß ich sei?« Da antwortete Petrus und sprach zu ihm: »Du bist der Christus!« (Mk 8,27–29)

Konf.: Wenn du mit deinem Mund bekennst, daß Jesus der Herr ist, und in deinem Herzen glaubst, daß ihn Gott von den Toten auferweckt hat, so wirst du gerettet. (Röm 10,9)

Pfr.: In diesen beiden urchristlichen Bekenntnissen steckt eine positive Aussage: Jesus ist der Christus, er ist der Herr! Zugleich steckt in diesem alten Bekenntnis aber auch eine Abgrenzung gegenüber anderen Herren, die Macht für sich beanspruchen. Vor allem grenzten sich die Christen mit diesem Bekenntnis zu

Jesus als dem Herrn ab gegenüber dem römischen Kaiserkult jener Zeit. Später führte dann auch das Bekenntnis zu Jesus die Christen in schwere Konflikte mit dem römischen Staat.

2. Es ist gar nicht so leicht zu bekennen

Pfr.: Aus dem Gesagten wird schon deutlich, daß das Bekenntnis des Christen leicht Widerstand hervorruft. Daß es gar nicht so leicht ist zu bekennen, das wollen die KonfirmandInnen jetzt an einem Beispiel aus ihrem Alltag zeigen:

Konf.: Am Montagmorgen vor der ersten Stunde: Alle Schüler erzählen, was sie am Sonntag erlebt haben. Michael berichtet vom Skifahren. Christian war mit seinem Freund im Kino. Alexander hat ein Fahrrad bekommen und ist gegen eine Wand gefahren. Claudia war mit ihrer Clique fort. Andreas war beim Bundesligaspiel. Nur Stefan schweigt. Frank fragt ihn, was er gemacht habe. Stefan zögert; dann antwortet er, daß er am Sonntag in der Kirche war. Die Klasse lacht laut und macht Witze. Einer fragt, warum er in der Kirche gewesen sei. Stefan antwortet, daß er an Christus glaube und daß er diesen Glauben für richtig halte. Alle im Chor rufen, daß er doch blöd sei, daß er seine Freizeit viel besser gestalten kann, indem er sich körperlich betätigt, zum Beispiel beim Schwimmen oder Skifahren, oder indem er sich einmal richtig ausschläft. Nach einigen Minuten Gelächter bekennt eine andere Schülerin, daß sie auch in der Kirche gewesen sei. Es wird nun still um die beiden. Alle werden nachdenklich. Durch das Bekenntnis der beiden wurden die anderen zum Überlegen angeregt, ob sie nicht auch in die Kirche hätten gehen sollen und ob sie den Mut gehabt hätten, sich so zu bekennnen.

3. Unser eigenes Bekenntnis

Pfr.: Wie junge Christen heute ihren Glauben bekennen, was für sie zum Glaubensbekenntnis gehört, hören wir jetzt durch das Glaubensbekenntnis, das wir in unserer Konfirmandengruppe verfaßt haben:

Konf.: I. Ich glaube an Gott, weil er zu uns wie ein Vater ist, weil er unsere Gemeinschaft zusammenhält und weil er uns seine Liebe schenkt.
Ich glaube, daß Gott die Erde liebt und alles, was auf ihr lebt. Gott liebt auch uns. Darum sollen wir die Erde nicht kaputtmachen.
II. Ich glaube, daß Jesus Christus für uns ein Vorbild ist. An seiner Liebe, Güte und Gerechtigkeit sollen wir uns ein Beispiel nehmen. Er ist ein Kind Gottes wie wir und hat uns gezeigt, wie Gott wirklich ist.
Ich glaube, daß Jesus Christus schwach war und daß er gekreuzigt wurde, weil er die Menschen liebte und sich für sie einsetzte. Ich glaube, daß Jesus Christus als Geist auferstanden ist, um seine Jünger zu stärken. Seine Liebe und seine Macht gegenüber allen Menschen wird immer bestehen bleiben.
III. Ich glaube, daß die christliche Kirche die einzig richtige ist. Gott zeigt in

ihr den Menschen seine Liebe, indem er sie von der Sünde befreit. Darum können wir auch Liebe weitergeben.
Ich glaube, daß wir auch im Tod mit Gott noch eine Gemeinschaft bilden und daß unser Leben auf der Erde nur ein kleiner Bruchteil unserer gesamten Existenz ist. Ich glaube, daß sich unser Leben nach dem Tod erfüllt mit all seinen Wünschen und Hoffnungen. Amen.

4. Das Beispiel eines bekennenden Christen

Pfr.: Wir haben im Konfirmandenunterricht einen Christen, der im 3. Reich in besonders mutiger Weise seinen Glauben bekannt hat, kennengelernt: Dietrich Bonhoeffer. Wer dieser Mann war, schildert uns eine Konfirmandin:

Konf.: Dietrich Bonhoeffer war Mitglied der Bekennenden Kirche, weil er mit den Machenschaften des nationalsozialistischen Staates nicht einverstanden war und Christus treu bleiben wollte. Bonhoeffer hatte schon in jungen Jahren eine erstaunliche Karriere hinter sich. Mit 23 Jahren war er Privatdozent der Theologie in Berlin. Später leitete er ein Predigerseminar der Bekennenden Kirche in Finkenwalde, wo er junge Pfarrer ausbildete. 1939 wurde er nach Amerika gerufen, kehrte aber nach wenigen Tagen aus Amerika zurück, weil er seine Brüder in Deutschland nicht im Stich lassen wollte. Später war Bonhoeffer an der Widerstandsbewegung des 20. Juli 1944 beteiligt. Die letzten Jahre seines Lebens saß er in Haft, im April 1945 wurde er im KZ Flossenbürg hingerichtet. Bonhoeffer ist bis in seine letzten Lebensstunden Jesus Christus treu geblieben und ist im Glauben an Christus gestorben.

Pfr.: Wir hören ein Glaubensbekenntnis von Dietrich Bonhoeffer:

Konf.: Ich glaube, daß Gott aus allem, auch aus dem Bösesten, Gutes entstehen lassen kann und will. Dafür braucht er Menschen, die sich alle Dinge zum Besten dienen lassen.
Ich glaube, daß Gott uns in jeder Notlage soviel Widerstandskraft geben will, wie wir brauchen. Aber er gibt sie nicht im voraus, damit wir uns nicht auf uns selbst, sondern allein auf ihn verlassen. In solchem Glauben müßte alle Angst vor der Zukunft überwunden sein.
Ich glaube, daß Gott kein zeitloses Schicksal ist, sondern daß er auf aufrichtige Gebete und verantwortliche Taten wartet und antwortet.

Pfr.: In der Zeit Dietrich Bonhoeffers haben Christen aus der Bekennenden Kirche ihren Glauben auf andere Weise bekannt, so auch in der *Barmer Theologischen Erklärung*, mit der wir uns in dieser ökumenischen Predigtreihe befassen. Zwei KonfirmandInnen geben mit ihren Worten den Inhalt der 2. und der 5. These wieder:

Konf. A: Jesus Christus nimmt uns als Sünder in seine Gemeinschaft auf und ist Herr über unser Leben; dadurch werden wir befreit von dem, was uns an diese

Welt fesselt. In allen Bereichen unseres Lebens sollen wir Jesus Christus gehören und nicht anderen Herren dienen.

Konf. B: Der Staat soll für Frieden und Recht sorgen. Der Staat darf sich nicht anmaßen, total über das Leben der Menschen zu herrschen; die Kirche darf nicht zum Sklaven und Verkünder des Staates werden, sondern muß Kirche bleiben.

Lied der KonfirmandInnen
Selig seid ihr (dieses Lied ist in zahlreichen Kirchentagsliederbüchern und Anhängen zum EKG abgedruckt)

Es folgt eine kurze Predigt über die 2. und 5. These von Barmen.

Der 23. Psalm als Gebet des Vertrauens

Zur Vorbereitung dieses Gottesdienstes wurde der 23. Psalm behandelt, seine bildhaften Einzelaussagen wurden von den KonfirmandInnen »übersetzt«, indem sie zu jeder Einzelaussage des Psalms ein Dia malten, das im Gottesdienst eingesetzt und von den KonfirmandInnen kurz erläutert wurde. So entstand eine bildhafte Psalm-Paraphrase. – Im Gottesdienst fand ferner die Tondiareihe »Der Herr ist mein Hirte« von H. Lindner und F. Baltruweit (erhältlich über die Medienstellen) Verwendung. Der Text dieser Tondiareihe wurde allerdings von zwei MitarbeiterInnen selbst gesprochen, nur die Musik von F. Baltruweit wurde zwischen den Texten eingespielt.
Ein Gottesdienst über den 23. Psalm sollte als Gesamtgottesdienst gefeiert werden, wenn der Psalmvers »Du bereitest einen Tisch vor mir« als eine mit Glaubenserfahrung gefüllte Aussage ernst genommen werden soll.

Gottesdienstverlauf

Lied
178,1–5 Der Herr ist mein getreuer Hirt

Begrüßung und Votum

Spruch
Ps 23 gemeinsam mit der Gemeinde gesprochen
Ehre sei dem Vater...

Bittgebet eines Konfirmanden (selbst formuliert)
Ich bitte dich, daß du meine Seele erquickst und mich weiterhin beschützt.
Beschütze meine Familie jeden Tag und jede Nacht.
Ich bitte dich, Herr, daß mir kein Leid geschehen möge,
daß du mir in schwierigen Situationen hilfst
Herr, erbarme dich.
Kyrie eleison...

Gnadenspruch
Hört, wie Gott, unser guter Hirte, uns tröstet: Ich habe dich einen kleinen Augenblick verlassen, aber mit großer Barmherzigkeit will ich dich sammeln. Ich habe mein Angesicht im Augenblick des Zorns ein wenig vor dir verborgen, aber mit ewiger Gnade will ich mich deiner erbarmen.
Ehre sei Gott in der Höhe...

Lobvers
Lobsingt dem Herrn und preist seine Gnade: 228,1 + 3

Gruß

Kollektengebet einer Konfirmandin (selbst formuliert)
Herr, unser guter Hirte,
wir danken dir für schöne Tage und schöne Stunden, für diesen guten Morgen,
wir danken dir, daß wir jeden Tag zu essen und zu trinken haben,
wir danken dir, daß wir leben dürfen und gesund sind,
wir danken dir, daß wir Freunde haben, die uns verstehen und zu denen wir offen und ehrlich sein können,
wir danken dir für die Gemeinschaft hier in der Kirche,
wir danken dir, daß es seit 40 Jahren bei uns keinen Krieg mehr gegeben hat.
Amen.

Schriftlesung: Joh 10,11–16 (Konfirmandin)

Kanon: Der Herr ist mein Hirte, halleluja

Predigtteil

1. Nach einer kurzen Einleitung zeigen die KonfirmandInnen ihre *selbstgemalten Dias zum 23. Psalm* und erläutern sie. Zu jeder Einzelaussage des Psalms wird jeweils ein Dia gezeigt, das kommentiert wird.

2. Der 23. Psalm – von indianischen Christen gebetet

Pfr.: Der große Vater über uns ist ein Hirte – bei ihm gebricht es uns an nichts. Er wirft mir ein Seil zu, das Liebe heißt; er zieht mich dahin, wo grüne Weide ist, zu Wasserstellen, wo keine Gefahr droht. Dort habe ich Speise und friedliche Rast.

Mitarb.: Wohl ist mein Herz zuzeiten sehr schwach und läßt den Mut sinken; aber er richtet mich wieder auf und führt mich auf einen guten Weg. Sein Name ist wunderbar.

Pfr.: Eines Tages – er mag nahe sein oder ferne oder noch ganz fern in der Zukunft – wird er mich an einen Ort führen, der von Bergen umschlossen ist. Dunkel ist es da; aber ich werde nicht widerstreben. Ich werde mich auch nicht fürchten; denn dort zwischen den Bergen wird der große Hirte mir begegnen, und der Hunger meines ganzen Lebens wird gestillt werden.

Mitarb.: Manchmal macht er eine Geißel aus dem Seil seiner Liebe; danach aber gibt er mir einen Stab, auf den ich mich stützen kann.

Pfr.: Er deckt mir den Tisch mit Speise aller Art. Er legt mir die Hand aufs Haupt, und all meine Müdigkeit ist verschwunden. Meinen Becher füllt er mir zum Überfließen.

Mitarb.: Was ich euch sage, ist wahr, ich lüge nicht. Diese Wege, die weit vor mir liegen, werden doch lebenslang mein sicherer Pfad sein. Und danach erwartet mich das Leben im »großen Zelt«, dort wird mein Platz bei dem Hirten sein – für immer.

3. Dia-Meditation mit Musik

(Bild 1)
Ich rufe und schreie, wer hört mich? Ich klage und bete, wer vernimmt mich? Ich kann so wenig ändern, meine Schuld bedrückt mich, wer richtet mich auf? Ich bin einsam mitten in der Menge, ich bin hungrig mitten im Überfluß.

(Bild 2)
Ich kenne das Glück und die guten Zeiten, sind sie Zufall? Oft gelingt mir etwas, fast ohne mein Zutun, eine Laune des Schicksals? Ich kenne Freunde, die bei mir sind, wenn ich sie brauche. Wer hält uns zusammen?

(Bild 3)
Ich sehe einen Hirten und seine Herde. Er führt sie zum saftigen Gras und zu süßen Kräutern. Sie stillen den Hunger.
Er bringt sie an das frische Wasser, das reichlich fließt und den Durst löscht. Er kennt die Richtung. Seine Herde hat es gut.
Er macht ihren Weg zu seiner Sache.
So ist Gott, so groß, so barmherzig. Bei ihm ist die Fülle und das Leben. Ich lebe nicht vom Brot allein, sondern von seinem Wort, das mich zurückbringt und vorwärts treibt.
Ich bin kein Spielball des Schicksals, sondern in Gottes großer Hand gut aufgehoben. Ich bin nicht allein. Er macht uns zu Brüdern und Schwestern über das Band des Glaubens.
Er ist bei mir, er ist bei uns – in Jesus, meinem Bruder.

Musik von Baltruweit (1. Teil)

(Bild 5)
Manchmal ist alles finster. Menschen verlassen mich, die Zukunft ist ungewiß, das Schicksal der Welt dunkel.
Wer gibt mir Mut zum Weitergehen? Wer gibt mir Licht, das meinen Weg hell macht?
Der Hirte kennt den Weg, den ich nicht kenne. Er wehrt ab, was mich bedroht, kein Unglück drückt mich zu Boden.

(Bild 6)
Das finstere Tal bleibt mir nicht erspart, aber es gibt einen Weg hindurch. Ich kann das Unglück aushalten.
Der Weg ist anders, als ich träume, vielleicht anders, als ich erwarte.
Ich werde lernen zu leben, vielleicht werde ich lernen zu leiden.
Und so gehe ich den Weg durchs finstere Tal – mit Jesus, unserem Bruder.

Musik von Baltruweit (2. Teil)

(Bild 7)
Sein Tisch ist für mich da. Wir feiern Abendmahl.
Er ist bei uns im Brot und im Saft der Trauben. Seine Gegenwart macht uns zu Brüdern und Schwestern im Angesicht unserer Feinde.
Er brach das Brot im Angesicht seines Leidens, und so sind wir eingeladen, das Fest zu feiern angesichts unserer Feinde.
Wer kann die Spannung aushalten? Mancher möchte lieber zur Waffe greifen und gegen den Feind kämpfen, als an seinem Tisch essen.
Mancher möchte sich lieber verkriechen in sein kleines Glück. Er hat die Spannung ausgehalten, und so feiern wir das Fest im Angesicht unserer Feinde.

(Bild 10)
So preisen wir die Versöhnung angesichts von Unterdrückung und Folter und singen das Lob angesichts der Tränen in dieser Welt.

Was wäre unser Leben ohne dieses Fest des Auferstandenen? An seinem Tisch ist der Grund gelegt für den Frieden. Er umspannt alle, die jetzt mit ihm feiern, und er will die umgreifen, die jetzt noch als Feinde abseits stehen.

Musik Baltruweit (3. Teil)

(Bild 11)
Ich habe eine Heimat. Sein Haus ist offen für mich, wo immer ich bin. Gutes und Barmherzigkeit werden mir folgen alle Tage meines Lebens. Und das ist mehr, als ich glauben kann. Machen wir uns miteinander auf, es zu erfahren.

Musik Baltruweit (4. Teil)

Lied
Wir sind zum Mahl geladen (siehe Gottesdienst II/1)

Es folgt die Feier des Abendmahls unter Mitwirkung und Teilnahme der KonfirmandInnen.

Fürbittgebet der KonfirmandInnen
Herr, wir bitten dich, daß du allen Menschen hilfst,
wenn sie krank sind, wenn sie in Not sind, wenn sie einsam sind. Wir bitten dich für die Armen und Behinderten in unserem Land, daß ihnen mehr Verständnis und weniger Mißtrauen entgegengebracht wird.
Wir bitten dich für die Menschen in den Hungerländern, daß sie genug zu essen bekommen. Wir bitten dich, daß die Reichen in ihrem Luxus und Wohlstand nicht untergehen, sondern Hilfsbereitschaft für die Armen aufbringen.
Wir bitten dich für die Menschen in den Ostblockstaaten, daß sie in Freiheit leben und arbeiten können. Und hilf uns, daß wir dazu beitragen, Kriege zu vermeiden und Menschen gerecht zu behandeln.

Lied
Von guten Mächten (Str. 1–3)

Abkündigungen

Segen

IV. Gottesdienste zum Themenkreis »Gemeinde und Kirche«

Für die Erarbeitung des Themas »Gemeinde« stehen heute vielfältige Unterrichtsmodelle zur Verfügung, die zum größten Teil auf anschauliche biblische Texte zurückgreifen, um das Wesen christlicher Gemeinde den KonfirmandInnen verständlich zu machen. Ferner bietet die Gemeindeerkundung für KonfirmandInnen eine gute Gelegenheit, die örtliche Gemeindesituation kennenzulernen, sie mit der biblischen Darstellung von Gemeinde zu vergleichen, eventuelle Übereinstimmungen aufzusuchen und vorhandene Differenzen zu entdecken. Das im Konfirmandenunterricht aus der Behandlung biblischer Texte gewonnene Gemeindeverständnis und die in der Gemeindeerkundung erfahrene Realität der Ortsgemeinde bilden demgemäß die beiden Ausgangspunkte für die vorliegenden Konfirmandengottesdienste zum Thema »Gemeinde und Kirche«.

Komm, bau ein Haus

Zur Vorbereitung dieses Gottesdienstes wurden, nach erfolgter Gemeindeerkundung und nach Behandlung neutestamentlicher Texte zum Thema »Gemeinde«, zwei große Modelle von Gemeinde erstellt (aus kräftiger Pappe mit Lattenkonstruktion), und zwar das Modell eines Hauses und das eines Schiffes. In beide Modelle wurden die in der Gemeinde vorhandenen Teile des örtlichen Gemeindelebens eingefügt. KonfirmandInnen fertigten hierzu interpretierende Texte an, so daß folgender Predigtteil entstand:

1. Die Gemeinde – ein Haus

Das Modell des Gemeinde-Hauses wird von zwei KonfirmandInnen im Altarraum aufgestellt.

Eine Konfirmandin liest eine Interpretation des Symbols:

> Wir haben die Gemeinde als ein Haus dargestellt, weil in einem Haus viele Generationen zusammenleben. Außerdem schützt ein Haus. In einem Haus sind viele Räume, so wie in einer Gemeinde Gruppen sind. Eine Gemeinde besteht auch aus Stützbalken; ein solcher Stützbalken ist der Gottesdienst, der das Haus zusammenhält. Das Fundament des Hauses ist der Glaube, auf dem die Gemeinde aufgebaut ist. Das Dach ist der Ältestenkreis, der die Gemeinde schützt. Die Räume sind die verschiedenen Gruppen, die es in der Gemeinde

gibt. Die Taufe ist die Tür zu diesem Haus. Es gibt in diesem Haus aber auch viele Fenster, das heißt, daß alle willkommen sind und daß sich die Menschen in der Gemeinde auch um die kümmern, die nicht zur Gemeinde gehören. So machen es zum Beispiel die Diakoniestation und der Kindergarten. – Der Pfarrer einer Gemeinde ist manchmal wie ein Schornstein. Wenn man zu ihm kommt, lösen sich die Sorgen wie Rauch auf. Oder er ist wie der Hausmeister, der alle Räume gut kennt, darauf achtet, daß sich alle in dem Haus wohlfühlen können, und der auch einmal etwas repariert, wenn es kaputtgegangen ist.

Pfr.: So können wir die Gemeinde als ein Haus verstehen. An einer Stelle in der Bibel, genauer im 2. Kapitel des Epheserbriefes, wird die Gemeinde der Christen in ganz ähnlicher Weise mit einem Haus verglichen. Diese Stelle liest uns eine Konfirmandin vor (freie Übertragung):

Konf.: Durch Christus haben wir alle in einem Geist Zugang zu Gott, unserem Vater. Also seid ihr jetzt nicht mehr Fremde und Staatenlose, sondern Mitbürger zusammen mit den Heiligen, die in Gottes Hause Heimatrecht haben; wie Steine, die auf dem Fundament der Apostel und Propheten aufgemauert sind, wobei Christus selbst der Schlußstein ist. Durch ihn wird das ganze Gebäude zu einem geschlossenen Ganzen zusammengefügt und wächst zu einem heiligen Tempel im Herrn heran. Durch ihn werdet auch ihr bei dem Aufbau des geistlichen Gottes-Hauses mit eingebaut.

Pfr.: Wir wollen uns nun einige Einzelteile dieses Gemeinde-Hauses näher anschauen:

Konf.: Das Dach des Hauses ist der Ältestenkreis. Das Dach ist dazu da, daß es nicht reinregnet und daß Leben im Haus ist. So muß der Ältestenkreis die äußeren Bedingungen schaffen, ohne die Gemeindeleben nicht möglich ist. Er hat die Verantwortung dafür, daß Gebäude da sind und daß Menschen sich um diese Räumlichkeiten kümmern. Der Ältestenkreis muß den Pfarrer beraten und ihm beim Lösen von Problemen helfen.

Konf.: Gottesdienste sind wie Stützbalken in einem Haus: Da sich im Gottesdienst Menschen aus allen Gemeindegruppen einfinden, wird durch Gottesdienste die Zusammengehörigkeit der Gemeinde gestärkt. Eine Mitkonfirmandin berichtet über einen Gottesdienstbesuch: Am 10. Juli 1983 versammelte sich die Gemeinde zum Gottesdienst. Die meisten Besucher waren ältere Menschen. Etwa 70 Personen waren anwesend. Den Gottesdienst gestaltete der Pfarrer, aber an einem Gottesdienst arbeitet nicht nur der Pfarrer mit, sondern auch die Gemeinde, der Organist, der Chor bzw. der Posaunenchor und auch einzelne Gruppen, die den Gottesdienst gestalten.

Konf.: Der Kindergarten wird als Raum dargestellt, weil in ihm viele Kinder sind, die zusammen spielen. Eine Mitkonfirmandin hat den Kindergarten besucht und über den Besuch berichtet: Die Kinder haben im Sandkasten gespielt, sind Fahrrad gefahren und sind geschaukelt. Außerdem haben sie Ball gespielt. Ein

Kindergarten ist dazu da, daß die Kinder mit anderen Kindern spielen können. Und wenn die Eltern arbeiten, damit man dort die Kinder hinbringen kann, daß sie versorgt sind.

Pfr.: Nachdem wir nun einige Einzelteile in unserem Gemeinde-Haus kennengelernt haben, wollen KonfirmandInnen abschließend sagen, was ihnen dieses Gemeindehaus bedeutet:

Konf. A: Ein Haus ist für mich ein Schutz, unter dem ich wohnen kann.

Konf. B: Ein Haus ist für mich wie Hilfe in Krankheit und Armut.

Konf. A: Ein Haus ist für mich wie ein Ort des Zusammenkommens für viele Menschen.

Konf. B: Ein Haus ist für mich wie eine Einladung an alle, die kommen wollen.

Konf. A: Ein Haus ist für mich wie ein Ort, an dem Gott wohnt.

Lied der KonfirmandInnen
Komm, bau ein Haus, das uns beschützt (Mein Liederbuch für heute und morgen, tvd-Verlag Düsseldorf, Nr. B 83)

2. Die Gemeinde - ein Schiff

Das Modell des Schiffes wird von zwei KonfirmandInnen im Altarraum aufgestellt.

Ein Konfirmand liest eine Interpretation des Symbols:
Wir haben die Gemeinde als Schiff dargestellt, weil eine Gemeinde zusammenhalten muß wie eine Mannschaft auf einem Schiff. Wenn sie nicht zusammenhält, droht sie zu sinken. Zusammenhalten heißt nicht, daß man nie miteinander streiten darf. Zusammenhalten heißt aber, daß man bei allem Streit einander achten muß. Wir sehen auf unserem Modell, welche Gruppen bei uns in der Gemeinde sind, welches die Mannschaft auf unserem Gemeindeschiff ist: der Kindergarten, die Jungscharen, die Konfirmanden, der Kindergottesdienst, der Jugendclub, der Kreis für jüngere Erwachsene, der Posaunenchor, der Gemeindechor, die Theatergruppe, der Arbeitskreis Frieden, das Feierabendmahl, der Handarbeitskreis, die Hausfrauengymnastik, der Frauenkreis, der Pfarrer, der Ältestenkreis, der Seniorenkreis und die gottesdienstliche Gemeinde.

Pfr.: So können wir also unsere Gemeinde als Schiff verstehen. An einer Stelle in der Bibel, genauer im 8. Kapitel des Matthäus-Evangeliums, wird ebenfalls die Gemeinde als ein Schiff beschrieben. Diese Stelle liest uns ein Konfirmand vor.

Konf.: Jesus stieg in das Boot und seine Jünger folgten ihm. Und siehe, da erhob sich ein gewaltiger Sturm auf dem See, so daß auch das Boot von Wellen zugedeckt wurde. Jesus aber schlief. Und sie traten zu ihm, weckten ihn auf und sprachen: »Herr, hilf, wir kommen um!« Da sagte er zu ihnen: »Ihr Kleingläubigen, warum seid ihr so furchtsam!«. Und stand auf und bedrohte den Wind und das Meer. Da wurde es ganz stille.

Pfr.: Diese Geschichte will uns zeigen, daß das Gemeindeschiff auch in große Gefahren kommen kann, daß Jesus aber in diesen Gefahren uns beisteht. Wir wollen uns nun einige Einzelteile dieses Gemeindeschiffes näher ansehen:

Konf.: Den Pfarrer haben wir auf unserem Schiff als Topmast dargestellt, weil ohne ihn die Segel des Gemeindeschiffes nicht aufgespannt werden können. Der Pfarrer bringt den Schwung ins Schiff, indem er Gottesdienste gestaltet, den Konfirmandenunterricht hält und ein paarmal im Jahr Gemeindefeste veranstaltet. Indem er Beerdigungen durchführt, die an der Tagesordnung sind. Trauungen sind meistens samstags, Taufen etwa alle zwei Monate im Sonntagsgottesdienst. Auch durch das Feierabendmahl, durch Büroarbeit und durch Hausbesuche bringt er Schwung ins Schiff.

Konf.: Die Jungscharen haben wir an das Rettungsboot gesetzt, weil sie für die Gemeinde nicht so wichtig sind, aber die Gemeinde retten können. Die Jungschar ist dazu da, den Kindern in der Freizeit etwas zu bieten, auch um ein Gruppenerlebnis möglich zu machen. In der Jungschar werden Spiele, Ausflüge, Basteleien und Projekte durchgeführt. Auch das Kochen darf nicht fehlen.

Konf.: Den Erwachsenenkreis haben wir in eine Kajüte gesteckt, weil die Erwachsenen sich in diesem Kreis wohlfühlen. Ein Mitkonfirmand berichtet von einem Besuch des Erwachsenenkreises: Jeden zweiten Montag treffen sich im Kontaktraum des Hermann-Maas-Hauses 30–40jährige Erwachsene zu einem gemütlichen Beisammensein. Der Kreis wird vom Pfarrer geleitet und besteht seit drei Jahren. Meistens werden in diesem Kreis ernste Themen behandelt, wie zum Beispiel die Bibel, die Konfirmation, Besichtigung des Glockenturms und der Kirche und vieles, vieles mehr. Aber es gibt auch manches Treffen, in dem gelacht werden darf und in dem auch Spiele gemacht werden.

Konf.: Der Posaunenchor ist – wie der Gemeindechor – auf dem Segel eingetragen, weil er die Gemeinde mit seiner Musik antreibt. Jeden Montagabend um 18.30 Uhr trifft sich der Posaunenchor. Er hat derzeit 23 Mitglieder und wird von Herrn Stehr geleitet. Am Beginn der Probe steht das Einblasen; man übt die F-Dur-Tonleiter mehrere Male auf- und abwärts. Danach übt man Lieder für ein Gemeindefest oder für einen Gottesdienst. Um 19.30 Uhr ist für 15 Minuten Pause. In dieser Zeit holen sich die Bläser neue Energie durch Fußballspielen. Nach der Pause übt man die gleichen Stücke so lange, bis sie bei allen Bläsern klappen und der Leiter mit dem Zusammenspiel zufrieden ist.

Pfr.: Zum Schluß wollen wir hören, was den KonfirmandInnen dieses Gemeindeschiff bedeutet:

Konf. A: Ein Schiff ist für mich etwas Lebendiges, das sich um die Welt bewegt.

Konf. B: Ein Schiff ist für mich wie eine Rettung vor dem Untergang.

Konf. A: Ein Schiff ist für mich wie etwas, das steht und trotzdem fährt.

Konf. B: Ein Schiff ist für mich wie ein Untersatz, der mich trägt.

Konf. A: Ein Schiff ist für mich wie eine Gemeinschaft, die fröhlich ist.

Lied
Ein Schiff, das sich Gemeinde nennt (Str. 1 + 3)

Hinführung zur Taufe
Die Namen der sechs Täuflinge werden in die Symbole eingetragen, das heißt, die Täuflinge gehören zur Gemeinde.

Der Gottesdienst wird mit der Taufe von sechs Säuglingen fortgesetzt und beendet.

Entdeckungen in unserer Gemeinde

Predigtteil

Liedstrophe
Ein Schiff, das sich Gemeinde nennt (Str. 1)

Der Predigtteil beginnt mit verschiedenen Erfahrungen der KonfirmandInnen während ihrer Gemeindeerkundung:

1. Zwei KonfirmandInnen berichten von einer Fahrrad-Rallye durch die Gemeinde, die den Zweck verfolgte, die Räumlichkeiten und Gebäude der Gemeinde kennenzulernen.
2. Zwei KonfirmandInnen berichten von Interviews, die sie mit MitarbeiterInnen der Gemeinde durchgeführt haben, um Aufgabenfelder in der Gemeinde kennenzulernen.
3. Es folgt ein kurzes Live-Interview mit einer ökumenischen Mitarbeiterin aus Südafrika, die gerade ihre Arbeit aufgenommen hat.

Liedstrophe
Ein Schiff, das sich Gemeinde nennt (Str. 2)

Diesen Gemeindeerfahrungen der KonfirmandInnen wird nun ein neutestamentliches Bild von Gemeinde gegenübergestellt: das Bild des Leibes.

1. Lesung von 1. Kor 12,12–26
2. KonfirmandInnen setzen einen Leib aus bunten Kartons zusammen und stellen die Einzelteile vor:

Rumpf:	Gemeindeglieder
Rechter Arm:	Ältestenkreis
Rechte Hand:	Pfarramtssekretärin
Kopf:	PfarrerIn
Linker Arm:	Kindergottesdienst
Linke Hand:	Erzieherinnen
Rechtes Bein:	Frauenkreis
Rechter Fuß:	Erwachsenenkreis
Linkes Bein:	Jugendclub
Linker Fuß:	Posaunenchor

Liedstrophe
Ein Schiff, das sich Gemeinde nennt (Str. 3)

Der Predigtteil wird mit einer Kurzansprache des Pfarrers/der Pfarrerin abgeschlossen:

1. Die Bedeutung der kleinen und unbedeutenden Glieder (Gottesdienstbesucher, Hörer, Kranke, Senioren)
2. Zwei Hauptfehler
a) Die Kopflastigkeit einer Gemeinde (Pfarrerlastigkeit: »Ohne mich läuft nichts«)
b) Die Konkurrenz der Glieder: Jedes Glied hält nur sich für wichtig, aber »auf die Bewegung kommt es an«.
3. Lebendige Glieder: Glieder sind nicht nur dafür da, Funktionen wahrzunehmen, zu leiten, anzuweisen, Glieder müssen auch leben (Einheit von Funktion und Leben am Beispiel des Ältestenkreises und des Pfarrers/der Pfarrerin: Einheit von Leiten bzw. Predigen und Leben).

Liedstrophe
Ein Schiff, das sich Gemeinde nennt (Str. 4)

Fürbittgebet der KonfirmandInnen
Herr, wir bitten dich für die unscheinbaren Glieder an deinem Leib. Wir bitten dich für die Besucher des Gottesdienstes. Schenke ihnen Spaß und Freude am Kirchgang. Mach sie bereit, weitere Lieder und Gebete zu lernen. Mach sie fähig, die Ratschläge des Pfarrers in der Predigt auch im Alltag zu befolgen, damit sie ihre Mitmenschen besser verstehen und ihre Pflichten täglich gut erfüllen können.
Wir bitten dich für unseren Pfarrer, daß er auch weiter unser Gemeindeschiff gut durch die Wellen des Lebens steuert. Schenke ihm Kraft für die Aufgaben des Gottesdienstes und Geschick, um die Probleme der Gemeinde zu bewältigen.
Wir bitten dich für unseren Ältestenkreis, daß er sein Amt der Gemeindeführung

gut ausfüllen kann. Schenke ihm Bereitschaft zur Zusammenarbeit mit dem Pfarrer und Weisheit bei seinen Beratungen und Beschlüssen.
Herr, wir bitten dich für die vielen Mitarbeiter in dieser Gemeinde, daß sie viel Freude an ihrer Arbeit haben. Wir bitten dich, daß sich noch viele Mitarbeiter finden, die Interesse haben an der Arbeit in dieser Gemeinde und die mitgestalten wollen beim Aufbau der Gemeinde, als Glieder an deinem Leib. Amen.

Vaterunser

Liedstrophe
Ein Schiff, das sich Gemeinde nennt (Str. 5)

Die Gemeinde – ein Netz, das trägt

Die Vorbereitung für diesen Gottesdienst war sehr aufwendig. Im Rahmen eines Konfirmandentages wurde aus Makramee-Fäden ein ca. 5 × 5 m großes Netz geknüpft (jede Masche ca. 25 × 25 cm). Beim Knüpfen dieses Netzes (Dauer etwa 2 Stunden) waren fast alle 25 KonfirmandInnen beteiligt; um so größer war die Freude über das Gelingen des Gemeinschaftswerkes. Das Netz wurde im Altarraum in etwa 2,5 m Höhe aufgehängt und blieb dort während des gesamten Gottesdienstes hängen. Es fand später dann nochmals im Konfirmationsgottesdienst Verwendung, auch die Konfirmationspredigt (s. u. VII/4) nahm das Motiv des Netzes wieder auf. Die Symbole, die während des Gottesdienstes in das Netz hineingeknüpft wurden, wurden von den KonfirmandInnen selbst erdacht, erstellt und kommentiert.

Gottesdienstverlauf

Orgelvorspiel

Begrüßung der Tauffamilien

Lied
Er weckt mich alle Morgen

Eingangsspruch
Ihr seid der Leib Christi, und jeder von euch ein Glied!

Eingangsgebet
Herr, unser Gott, wir feiern heute gemeinsam einen Taufgottesdienst.
Durch das Zeichen der Taufe erkennen wir,
daß wir Glieder deines Leibes sind,
daß wir in der Gemeinde miteinander verknüpft sind wie ein Netz,
daß wir mit Christen in aller Welt verbunden sind – verbunden zu einem großen ökumenischen Netz.
Aber wir müssen auch sehen, daß wir oft unsere Aufgabe, Teil dieses Netzes zu sein, schuldig geblieben sind.
So lehre uns schweigen, Gott,
damit wir erkennen, wo wir es als Gemeinde versäumt haben, unser Netz auszuspannen, um unsere Nächsten mit all ihren Problemen mitzutragen,
wo wir andere aus Bequemlichkeit und Unachtsamkeit durch unser Netz fallen ließen.
Lehre mich schweigen, Gott,
damit ich erkennen kann, wo ich meine Funktion als Teil des Netzes nicht erfüllt habe,
wo durch meine Schwäche ein Loch im Netz entstanden ist.
Lehre mich schweigen, Gott. Amen.
Kyrie eleison

Gnadenspruch
Hört, wie Christus uns allen, die wir Teile seiner Gemeinde sind, Kraft schenkt. Er spricht zu uns: Ich bin der Weinstock, ihr seid die Reben. Wer in mir bleibt und ich in ihm, der bringt viel Frucht.
Ehre sei Gott in der Höhe...

Lobvers
Lobsingt dem Herrn und preist seine Gnade: 217,4 + 7

Schriftlesung
Als Schriftlesung zu diesem Gottesdienst hören wir einen Abschnitt aus dem Epheserbrief: Ihr gehört mit zum Volk Gottes und seid in Gottes Hausgemeinschaft aufgenommen. Ihr seid in den Bau eingefügt, dessen Fundament die Apostel und Propheten bilden; der Schlußstein aber ist Jesus Christus. Er hält das ganze Gebäude zusammen, und durch ihn wächst es zu einem heiligen Tempel, der ganz und gar von ihm, dem Herrn, bestimmt ist. Durch die Verbindung mit ihm seid auch ihr in diesen Tempel eingefügt, der sich durch den Geist Gottes aufbaut (Übertragung von Eph 2,19–22 aus: Gute Nachricht). Halleluja

Lied vor der Predigt
Komm, bau ein Haus, das uns beschützt (siehe Gottesdienst IV/1)

Predigtteil: Die Gemeinde – ein Netz, das trägt

Ansprache des Pfarrers/der Pfarrerin:

Gnade sei mit euch und Friede von Gott, unserem Vater, und dem Herrn Jesus Christus.
Liebe Tauffamilien, liebe Gemeinde!
Seit mehr als sieben Jahren feiern wir die Taufen unserer Kinder im Gemeindegottesdienst am Sonntagmorgen. An 6–8 Sonntagen des Jahres also ist der Gemeindegottesdienst als Taufgottesdienst für die Tauffamilien und zugleich als Tauferinnerungsgottesdienst für uns alle gestaltet. Viele Gemeindeglieder haben diese Hereinnahme der Taufen in den Gemeindegottesdienst als eine große Bereicherung unseres gottesdienstlichen Lebens erfahren, andere fühlen sich in ihrem gottesdienstlichen Empfinden durch die Taufen gestört: Sie erleben die Taufgottesdienste bisweilen als unruhig und können am Taufgeschehen innerlich nicht teilnehmen. Warum nicht abwechseln und die Taufen nur manchmal im Gemeindegottesdienst, sonst aber im eigenen Taufgottesdienst abhalten, so wird sich mancher schon gefragt haben, und so fragen mich auch manchmal Taufeltern.
Die Antwort kann nur eindeutig und klar lauten: In der Taufe wird ein Mensch in die Gemeinde Jesu Christi aufgenommen, und dies muß so geschehen, daß die Gemeinde selbst bei dieser Aufnahme aktiv beteiligt ist; sie läßt sich gemeinsam mit Eltern und Paten an ihre eigene Taufe erinnern. So ist die Taufe ein Handeln der Gemeinde, ein Fest der Gemeinde, und deshalb gehört sie in den Gemeindegottesdienst.
Damit ist jede Taufe immer auch eine Anfrage an uns, wie wir eigentlich Gemeinde verstehen: Handeln wir in der Taufe nur amtsmäßig, und ist Gemeinde demgemäß nur eine verwaltungsmäßige Organisationsform?
Oder interessieren uns die Täuflinge im Grunde nicht, ist also Gemeinde demgemäß nur eine anonyme Masse, in der ich als Einzelner untertauche?
Oder nehmen wir nur Anteil an jenen Täuflingen, deren Familien uns vertraut sind, ist also demgemäß Gemeinde nur ein Freundeskreis Gleichgesinnter?
An der Art, wie wir als Gemeinde mit der Taufe umgehen, ist abzulesen, wie wir uns als Gemeinde selbst verstehen.
Schaut man, wie das Neue Testament christliche Gemeinde versteht, dann fällt auf, daß häufig Bilder gebraucht werden, um das Wesen der Gemeinde zu erfassen. Die meisten dieser Bilder sind in diesem Gottesdienst schon genannt worden: So beschreibt Paulus die Gemeinde als einen Leib, in dem alle Glieder voneinander abhängig und einander zugeordnet sind. Im Matthäus-Evangelium wird durch die Geschichte von der Sturmstillung die Gemeinde mit einem Schiff verglichen, das in allen Gefahren von seinem Herrn bewahrt wird, und im Johannes-Evangelium bezeichnet sich Christus als Weinstock, an dem die Gläubigen als Reben hängen. Schließlich wird im Epheserbrief die Gemeinde als ein Haus beschrieben, als ein Tempel Gottes. Dieses Bild vom Haus haben wir eben aufgenommen, als wir miteinander sangen: »Komm, bau ein Haus, das uns beschützt, pflanz einen Baum, der Schatten wirft.« Und auch das andere Bild in diesem Lied, das Bild vom Baum, hat biblische Wurzeln, denn Jesus selbst vergleicht einmal das Gottesreich mit einem Baum, in dessen Zweigen Vögel nisten.

All diese Bilder des Neuen Testamentes wollen eines über die Gemeinde aussagen: Gemeinde ist nicht eine bloß verwaltungsmäßige Organisationsform, ist keine anonyme Masse, kein Freundeskreis Gleichgesinnter; Gemeinde ist ein vielgliedriges Ganzes, in dem alle Teile aufeinander angewiesen sind und füreinander Verantwortung tragen. Dieses Wesen der Gemeinde wollen wir gemeinsam mit KonfirmandInnen in diesem Gottesdienst verdeutlichen durch das Bild des Netzes. Ein Netz besteht oft aus nur dünnen Fäden, von denen jeder für sich nichts aushalten kann, aber alle Fäden des Netzes zusammen können große Lasten tragen. Denken wir nur an ein Spinnennetz, an ein Einkaufsnetz oder an ein Netz für den Fischfang. Die miteinander verknüpften Fäden des Netzes können tragen, was ein Faden alleine nicht tragen kann. Es kommt also bei einem Netz gar nicht so sehr darauf an, daß die einzelnen Fäden stark sind, nein: Wichtiger ist die richtige Verknüpfung der Fäden untereinander. Übertragen auf die Gemeinde heißt dies: Auch das schwächste Glied einer Gemeinde hat seine Aufgabe als Teil der Gemeinde, kann mithelfen, damit Lasten gemeinsam getragen werden. Und andererseits: In einer Gemeinde, die sich als Netz begreift, bin ich selbst als Teil verknüpft mit anderen, und so werde ich selbst mitgetragen von anderen, mit meiner Freude und mit meinem Schmerz, mit meinen Schwächen und mit meinen Fehlern. Und schließlich: Als Gemeinde, die sich als Netz begreift, sind wir weltweit verknüpft mit Christen in aller Welt, verknüpft in einem ökumenischen Netz. Gemeinsam mit Christen aller Welt können wir für Frieden, Gerechtigkeit und die Bewahrung der Schöpfung eintreten.
So ist das Bild des Netzes ein sehr aussagekräftiges Bild für das, was Gemeinde sein soll. Und für uns ist es eine Anfrage, wie wir selbst uns als Gemeinde verstehen, ob wir zum Beispiel wirklich bei unseren Taufen Mitverantwortung für unsere Täuflinge übernehmen, damit sie im Netz der Gemeinde getragen sind und selbst einmal bereit werden mitzutragen. Das Bild vom Netz ist ein Bild, das uns zeigt, wie Gemeinde leben soll. Unsere KonfirmandInnen werden nun konkrete Beispiele nennen für das, was Gemeinde mittragen kann in ihrem ökumenischen Netz.

KonfirmandInnen knüpfen Symbole in das Netz:

Taufkerze
Kinder werden in unserer Gemeinde getauft, Jugendliche werden konfirmiert. Die Taufkerze ist das Symbol der Taufe und soll das Leben der Getauften darstellen. Durch die Taufe werden die Getauften in das Netz der Gemeinde aufgenommen.

Kindergesicht
Fröhliche Kinder gehören zur Gemeinde. Deswegen hängen wir ein lachendes Kindergesicht in das Gemeindenetz, um an seiner Freude teilzunehmen.

Auge mit Träne
Menschen trauern, weil es Leid auf der Erde gibt. Das Netz der Gemeinde ist dazu da, trauernde Menschen zu tragen, damit sie nicht fallen.

Kronenkreuz der Diakonie
Die Alten, Kranken und Behinderten in unserer Gemeinde werden von der Diakoniestation betreut. Dadurch sollen sie spüren, daß wir sie in unserem Gemeindenetz tragen.

Weltkugel
Ausländer haben es bei uns sehr schwer, in Gemeinschaft zu kommen. Sie werden von vielen nicht akzeptiert, weil sie eine andere Hautfarbe und andere Sitten haben. Deshalb wollen wir sie besonders fest im Netz der Gemeinde verknüpfen.

Zeichen des Arbeitsamtes
Das Netz ist dazu da, den Arbeitslosen bei der Suche nach Arbeit zu helfen und ihnen einen Halt zu geben, wenn sie keine Arbeit finden. Deshalb hängen wir das Zeichen des Arbeitsamtes in das Netz.

Natur + Industrie
Die Natur ist durch die Industrie bedroht. Im Netz der Gemeinde wollen wir versuchen, die Natur zu erhalten. Da die Industrie schon sehr weit fortgeschritten und für uns sehr wichtig ist, kann man sie aus dem Netz der Gemeinde nicht wegdenken.

Zeichen für Zwillingspartnerschaft
Die Partnerschaft zwischen Nord und Süd bzw. zwischen West und Ost ist dazu da, auch andere Menschen in das Netz der Gemeinde mit einzuschließen. Diese Zwillingspartnerschaft soll Menschen in der Dritten Welt und im Ostblock helfen, und sie soll zeigen, daß wir auch anderen Menschen helfen wollen.

Lied der KonfirmandInnen: Jeder knüpft am eignen Netz

2. Jeder fängt ins eigne Netz, versucht einzufangen, was zu fangen ist.
   Wer denkt da an Frieden, wer denkt an Schalom?
   Wir knüpfen ...

3. Einer hängt im fremden Netz, versucht noch zu retten, was zu retten ist.
   Er denkt an den Frieden, er denkt an Schalom.
   Wir knüpfen ...

4. Wir zappeln im alten Netz, versuchen zu tragen, was zu tragen ist.
   Wir suchen den Frieden, wir suchen Schalom.
   Wir knüpfen ...

5. Wir knüpfen ein neues Netz, verbinden, was für Frieden ist.
   Wir bringen den Frieden, wir bringen Schalom.
   Wir knüpfen ...

Taufe unter dem Netz der Gemeinde

Taufbefehl

Glaubensbekenntnis und Tauffrage

Taufhandlung mit Taufkerzen und Überreichung eines »Netz«-Bildes

Zur Erinnerung an meine Taufe am 12. Oktober 1986

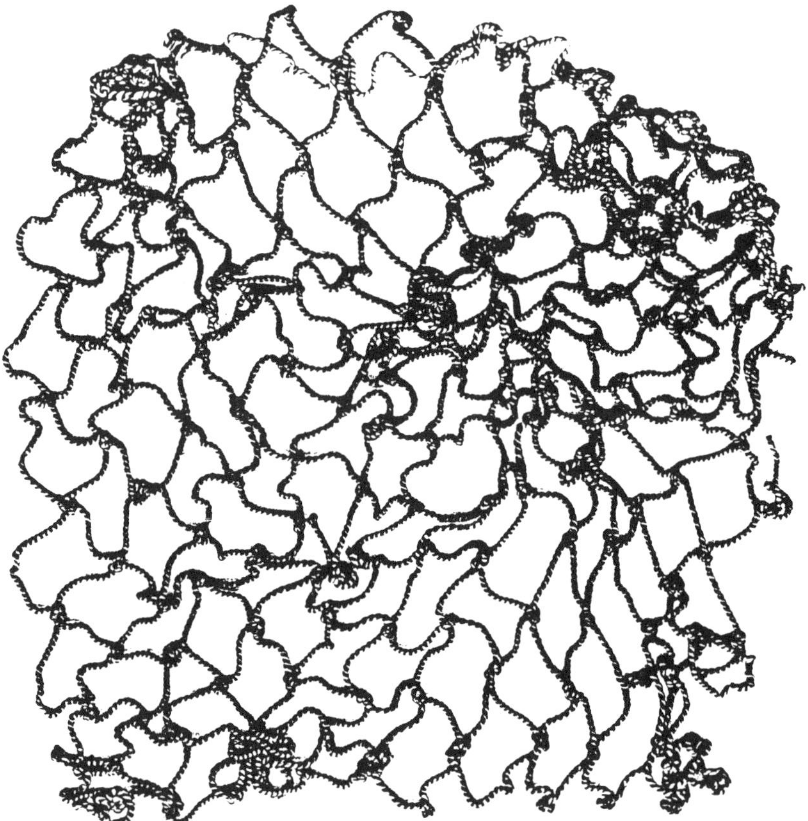

Jeder knüpft am eignen Netz, versucht, rauszuholen, was zu holen ist.
Wer denkt da an Frieden, wer denkt an Schalom?
Jeder fängt ins eigne Netz, versucht, einzufangen, was zu fangen ist.
Wer denkt da an Frieden, wer denkt an Schalom?
Einer hängt im fremden Netz, versucht, noch zu retten, was zu retten ist.
Er denkt an den Frieden, er denkt an Schalom.
Wir zappeln im alten Netz, versuchen, zu tragen, was zu tragen ist.
Wir suchen den Frieden, wir suchen Schalom.
Wir knüpfen ein neues Netz, verbinden, was für Frieden ist.
Wir bringen den Frieden, wir bringen Schalom.
Wir knüpfen aufeinander zu, wir knüpfen aneinander an, wir knüpfen miteinander, Schalom, ein Friedensnetz.

Lied
Kind, du bist uns anvertraut (in: Auf und macht die Herzen weit [Bayr. Anhang], Nr. 632; Singt und dankt [Rhein. Anhang], Nr. 665)

Fürbittgebet
Wir haben gemeinsam über das Netz der Gemeinde nachgedacht,
über das Tragen anderer Menschen, sie einzufangen und liebevoll zu umschließen, wenn sie keinen Ausweg sehen und verzweifeln.
Wir haben die Gewißheit bekommen, daß wir in diesem Netz verwoben sind und auch unsere Schwäche aufgefangen wird. Vor allem aber haben wir erkannt, daß das Netz sehr kompliziert und vielfältig verknotet ist; verknüpft über unsere Gemeinde- und Völkergrenzen hinaus.
Aber wir haben auch über unsere Schwächen nachgedacht, über die Situationen, in denen wir keine Kraft hatten, unsere Funktion als Netz zu erfüllen.
Darum bitten wir dich, Herr, um die Kraft, diese Aufgaben erfüllen zu können.
Kyrie eleison (gesungen)
Wir bitten dich für die einzelnen Teile unseres Gemeindenetzes,
für unsere Täuflinge,
für unsere Gemeindekreise,
für unsere haupt- und ehrenamtlichen Mitarbeiter und Mitarbeiterinnen,
für unsere kirchlichen Gremien und deren Vorsitzende.
Kyrie eleison (gesungen)
Wir bitten dich für die Menschen, die so oft durch das Netz fallen,
für die Arbeitslosen,
für die Wohnsitzlosen,
für die Behinderten und Kranken,
für die Drogenabhängigen,
für die alten Menschen,
für die Ausländer und Asylanten.
Kyrie eleison (gesungen)
Wir bitten dich für die ökumenischen Aufgaben und für die weltweiten Probleme, die unser Netz zu tragen hat,
für unser Projekt der Zwillingspartnerschaft,
für die Polizisten und Demonstranten, die gestern in Hasselbach waren,
für die Menschen, die in verschiedenen Zweigen der Forschung arbeiten,
für Ronald Reagan und Michail Gorbatschow, die in Reykjavik zusammenkommen.
Kyrie eleison (gesungen)

Vaterunser

Schlußlied
190,1–4 Wohl denen, die da wandeln

Abkündigungen

Segen

Mein Bild von Kirche

Ein Gottesdienst zum Reformationsfest wurde mit KonfirmandInnen in der Weise vorbereitet, daß zunächst Meinungen der KonfirmandInnen über die Kirche miteinander besprochen wurden. In einem zweiten Schritt wurde mittels der Erzählung von der »Kirche im Sarg« und der ihr beigefügten Karikaturen (Konfirmandenbuch »Fundamente«, S. 116f) die Mitverantwortung des einzelnen für die Kirche deutlich gemacht. Schließlich wurde diese Mitverantwortung des einzelnen durch die Anfertigung von »Spiegelbildern« konkretisiert, die jede(r) GottesdienstbesucherIn nach dem Gottesdienst durch KonfirmandInnen ausgehändigt bekommen sollte: Auf ein Bild von einer Kirche wurde von den KonfirmandInnen eine vorgefertigte Spiegelscherbe geklebt, so daß jeder Betrachter des Bildes in diesem Spiegel sich selbst sehen konnte.
Eine intensivere Mitwirkung und Ausgestaltung dieses Gottesdienstes durch KonfirmandInnen wäre gut denkbar, war aber im vorliegenden Fall durch die dem Reformationsfest unmittelbar vorangehenden Herbstferien nicht möglich, so daß ein Predigtgottesdienst entstand, der dennoch den KonfirmandInnen ein intensives Mitdenken und Miterleben möglich machte.

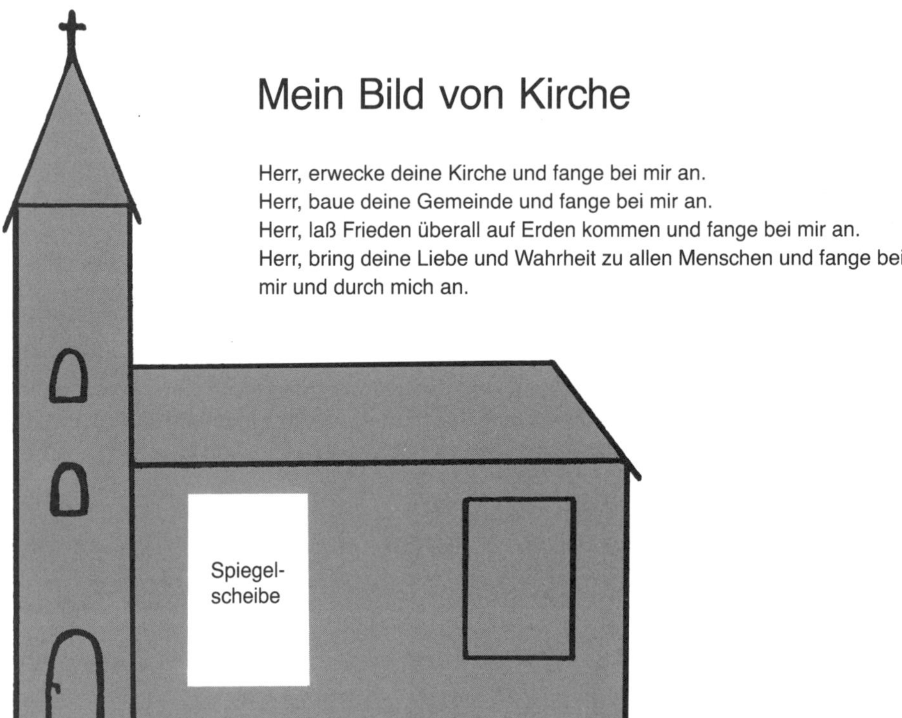

Gottesdienstverlauf

Nach der gewohnten Eingangsliturgie wurde der Predigtteil mit Meinungen der KonfirmandInnen über die Kirche eingeleitet:

Konf. A: Ich finde es gut, daß in der Kirche alle zusammenkommen und daß keiner ausgeschlossen ist.

Konf. B: Ich finde es gut, daß die Kirche eine Gemeinschaft ist, die zusammenhält.

Konf. A: Ich finde es gut, daß die Kirche keine Unterschiede macht bei Menschen aus anderen Ländern, daß sie jeden gleich behandelt, denn alle sind Gottes Geschöpfe.

Konf. B: Ich finde gut, wenn sich jemand am Sonntag auf die Socken macht, um in die Kirche zu gehen und um für andere zu spenden wie zum Beispiel für Arme, Kranke, Obdachlose.

Konf. A: Ich finde gut, wenn sich die Kirche um Arme kümmert.

Konf. B: Ich finde gut, wenn in der Kirche viel für die Dritte Welt gespendet wird.

Konf. A: Ich finde gut, daß bei uns in der Kirche auch die Kinder am Abendmahl teilnehmen dürfen.

Konf. B: Ich finde gut, daß der Pfarrer am Schluß des Gottesdienstes die Leute verabschiedet.

Konf. A: Ich finde gut, daß in der Kirche viel gesungen wird.

Konf. B: Ich finde gut, daß es in der Kirche manchmal interessante Predigten gibt.

Konf. C: Ich finde es schlecht, daß in der Kirche das Mitgefühl für andere fehlt.
Ich finde es schlecht, daß der Papst manche Menschen heilig spricht, denn alle Christen sind heilig.
Ich finde es schlecht, wenn es in einer Kirche ein Oberhaupt gibt.
Ich finde es schlecht, daß in der Kirche Kranke anders behandelt werden, als es eigentlich nötig wäre.
Ich finde es schlecht, daß die Predigt manchmal langweilig ist.

Konf. D: Ich fände es besser, wenn sich die Kirche, die doch für alle dasein soll, sich mehr um andere Menschen kümmert.

Konf. E: Ich fände es besser, wenn die Spendensammlungen für die Dritte Welt verstärkt würden, denn bis jetzt sind alle nur ein Tropfen auf den heißen Stein.

Konfirmandengottesdienst zum Reformationsfest am 31.10.1988
»Erneuerung der Kirche«

Gemeinsam gesprochener Psalm: Ps 46

Gott ist unsre Zuversicht und Stärke,
eine Hilfe in den großen Nöten, die uns getroffen haben.
Darum fürchten wir uns nicht, wenngleich die Welt unterginge
und die Berge mitten ins Meer sänken,
wenngleich das Meer wütete und wallte
und von seinem Ungestüm die Berge einfielen.
Dennoch soll die Stadt Gottes fein lustig bleiben
mit ihren Brünnlein, da die heiligen Wohnungen des Höchsten sind.
Gott ist bei ihr drinnen, darum wird sie fest bleiben;
Gott hilft ihr früh am Morgen.
Die Heiden müssen verzagen und die Königreiche fallen,
das Erdreich muß vergehen, wenn er sich hören läßt.
Der HERR Zebaoth ist mit uns,
Der Gott Jakobs ist unser Schutz.

Predigttext: Römer 7,14–20
Wir wissen, daß das Gesetz geistlich ist; ich aber bin fleischlich, unter die Sünde verkauft. Denn ich weiß nicht, was ich tue. Denn ich tue nicht, was ich will; sondern was ich hasse, das tue ich. Wenn ich aber das tue, was ich nicht will, so gebe ich zu, daß das Gesetz gut ist. So tue nun nicht ich es, sondern die Sünde, die in mir wohnt. Denn ich weiß, daß in mir, das heißt in meinem Fleisch, nichts Gutes wohnt. Wollen habe ich wohl, aber das Gute vollbringen kann ich nicht. Denn das Gute, das ich will, das tue ich nicht; sondern das Böse, das ich nicht will, das tue ich. Wenn ich aber tue, was ich nicht will, so tue nicht ich es, sondern die Sünde, die in mir wohnt.

Konf. D: Ich fände es besser, wenn man im Gottesdienst auch miteinander sprechen könnte.

Konf. E: Ich fände es besser, wenn die Predigten leichter verständlich wären, denn auch Kinder sollen sie verstehen.

Konf. D: Ich fände es beser, wenn die Predigten etwas weltverbundener wären.

Konf. E: Ich fände es besser, wenn in der Kirche mehr gesungen würde.

Orgelzwischenspiel

Die nun folgende Predigt über Röm 7,14ff nimmt Bezug auf ein Blatt, das zu Beginn an alle Gottesdienstbesucher verteilt wurde (siehe Seite 86), und beginnt mit der Lesung des Predigttextes aus Röm 7. Dann weiter:

Liebe Schwestern und Brüder! Was ist eben geschehen? Nachdem die KonfirmandInnen in gut verständlichen Worten ihre Meinung zur Kirche geäußert hatten, habe ich einen Predigttext vorgelesen, dessen Sprache höchst kompliziert ist und in dem nur vom Ich, nicht aber von der Kirche die Rede ist. Was hat dieser Predigttext mit dem heutigen Tag, dem Reformationsfest, dem Fest der Erneuerung der Kirche zu tun?
Um diese Frage beantworten zu können, muß ich Euch bitten, Euch auf das einzulassen, was Paulus in diesem Text selbst tut. Er spricht von sich selbst, von seinem Ich. Paulus spricht wie einer, der sich entblößt, der die Tiefen seines Ich freilegt. Die Tiefen des Ich – wer von uns würde sie nicht gern ergründen? Aber die Tiefen meines Ich bleiben mir im Letzten verschlossen. Ich bleibe mir selbst ein Geheimnis. Bei aller Selbsterforschung stoße ich auf Grenzen der Selbsterkenntnis. Ich bleibe mir selbst ein unbekanntes Wesen. Als solches nun höre ich, was Paulus mir sagt. Und ich fühle, wie recht er hat, wenn er die Zerrissenheit des Ich beschreibt. Wie oft erlebe ich, daß ich zu schwach, zu fleischlich bin, um nach Gottes Willen zu leben! Wie oft erlebe ich, daß ich bei meinen Handlungen nicht meinem Willen folge, sondern von anderen getrieben werde! Wie oft erlebe ich, daß durch mein Tun, das eigentlich Leben fördern soll, Schlimmes geschieht! Wie oft erlebe ich, daß ich zwar guten Willen habe, aber nicht die Kraft, auch Gutes zu vollbringen! Wie oft erlebe ich, daß ich eigentlich Gutes wollte, aber Böses zustande brachte. Ja, wenn ich in die Tiefen meines Ich hinabsteige, dann entdecke ich in mir Widersprüche: den Widerspruch zwischen meinem Ich und Gottes Willen, den Widerspruch zwischen meinem eigentlichen Wollen und meinem tatsächlichen Tun, den Widerspruch zwischen willenlosem Tun und tatenlosem Wollen. Und diese Entdeckung in mir selbst ist erschreckend. Sie kann so schlimm sein, daß ich sie am liebsten verdränge und mich flüchte in ein Traumbild, das ich von mir selbst entwerfe. Ich möchte dann den Blick weglenken von den Abgründen meines Ich. Die Entdeckung der Widersprüche in mir selbst kann mich aber auch depressiv machen, kann mich lähmen, mich handlungsunfähig machen. Wenn in mir ein unauflöslicher Widerspruch zwischen

Wollen und Tun ist, dann kann ich ja gleich aufhören, Gutes zu wollen, dann kann ich ja gleich den Versuch aufgeben, Gutes zu tun.
Genau an dieser Stelle nun erhält der Predigttext mit seinen Einblicken in die Tiefen meines Ich eine ungeheure Bedeutung für mein Nachdenken über die Kirche. Denn das, was Paulus über die Widersprüchlichkeit in meinem Ich sagt, das hat Auswirkungen auf die Gestalt der Kirche, zu der ich gehöre:
Ich kritisiere die Kirche, aber mir fehlt die Kraft, selbst etwas für die Verbesserung kirchlichen Lebens zu tun. Ich vermisse in der Kirche Mitgefühl für andere, konzentriere mich aber in meinem Alltag auch nur auf mich selbst. Ich bemängele den Umgang mit Kranken in der Kirche, bin aber nicht in der Lage, selbst Kranke zu besuchen. Ich fordere von der Kirche mehr Einsatz für die sogenannte Dritte Welt und bin nicht fähig, meinen eigenen Lebensstil zu ändern. Ich bezweifle die Glaubwürdigkeit der Kirche, weil die verschiedenen Konfessionen nach wie vor ein Bild des Zerstrittenseins bieten, kann aber nicht über meinen eigenen evangelischen Schatten springen. Ich fordere von der Kirche Einsatz für Gerechtigkeit und Frieden, merke aber nicht, wo ich in meinem eigenen Leben Unfrieden stifte und Ungerechtigkeit praktiziere, und bin nicht in der Lage, von unseren Partnern etwa in Polen und Südafrika zu lernen. Ich kritisiere an der Kirche, daß sie in Südafrika teilhat an der Sünde der Apartheid, kann mich selbst aber nicht lösen von meinem Eingebundensein in dieses System der Apartheid.
So entdecke ich in meinem Verhältnis zur Kirche den Widerspruch zwischen meinem Wollen und Tun und den Widerspruch zwischen meinem Ich und Gottes Willen. Und dieser Widerspruch lähmt mich, so daß ich zu einem tatenlosen Glied der Kirche werde. Ich entdecke mich dann wieder in jener ersten Karikatur, die auf dem Gottesdienstblatt abgebildet ist, als einer, der nichts zur Bewegung und Erneuerung der Kirche beitragen kann. Und ich entdecke mich wieder in jener Geschichte, die man sich aus dem englischen Dorf Yonderton erzählt:
Dort stellte ein Pfarrer schon wenige Wochen nach Dienstantritt fest, daß die Kirche jeden Sonntag leer blieb. »Die Kirche ist tot«, so sagte man ihm, »ohne Hoffnung auf Wiederbelebung.« Eines Tages erschien in der Zeitung des Ortes eine Todesanzeige mit folgendem Text: »Mit dem Ausdruck tiefsten Bedauerns wird der Tod der Kirche zu Yonderton gemeldet. Die Trauerfeier findet am Sonntagmorgen um 11.00 Uhr statt. Die Gemeinde ist herzlich eingeladen, an diesem letzten Akt ihrer Dorfkirche teilzunehmen.« Am Sonntag war die Kirche von Yonderton um 11.30 Uhr bereits gedrängt voll, so daß ich nur noch ganz hinten einen Platz fand. Vor dem Altar stand auf einer Bahre ein geöffneter Sarg. Der Pfarrer begann zu sprechen: »Sie alle sind gekommen, weil Sie vom endgültigen Tod Ihrer Kirche überzeugt sind und an ihre Wiederbelebung nicht mehr glauben. Bitte gehen Sie nun alle, einer nach dem anderen, am Sarg vorüber und sehen Sie sich den Toten an. Dann verlassen Sie die Kirche durch das Ostportal. Danach werde ich die Trauerfeier allein beschließen. Sollten aber einige unter Ihnen doch noch zur Ansicht gelangen, daß eine Wiederbelebung der Kirche möglich ist, so bitte ich diese, durch das Nordportal wieder hereinzukommen. Dann werden wir, anstatt des Trauergottesdienstes, einen Dankgottesdienst halten.« Die Prozession zum Sarg setzte sich in Bewegung. Während ich mich dem Sarg näherte, bemerkte ich, daß viele Menschen durch das Nordportal wieder in die Kirche strömten. Als ich an den Sarg herantrat, schloß ich die Augen und

beugte mich über den Sarg. Als ich die Augen öffnete, sah ich nicht die ganze Kirche leblos im Sarge liegen, sondern nur eines ihrer toten Glieder: Ich sah mich selbst – in einem Spiegel.
Ist es nicht so? Bin ich als getaufter Christ nicht selbst verantwortlich für das Leben der Kirche, selbst verantwortlich für ihre Bewegung, für ihre Erneuerung? Und sind die Widersprüche in der Kirche nicht auch Ausdruck der Widersprüche in mir selbst? Ist die Zerrisssenheit der Kirche nicht auch Folge meines eigenen Zerrissenseins? Und müßte Erneuerung, Reformation der Kirche nicht eigentlich mit meiner eigenen Erneuerung beginnen?
Aber wie soll diese Erneuerung gelingen, wenn doch die Widersprüche in mir selbst niemals auflösbar sind? Auf diese Frage finde ich in der Bibel eine klare Antwort:
Gott will nicht, daß ich meine Selbstwidersprüche verdränge, er will auch nicht, daß mich diese Selbstwidersprüche in Depression oder Untätigkeit stürzen. Er will mich mit meiner Widersprüchlichkeit annehmen, er will mir vergeben. Indem er mir mein Widersprüchlichsein vergibt, schenkt er mir Kraft, jenes zu verändern, was in der Kirche und in meinem Leben seinem Willen widerspricht. Indem ich Gott um Vergebung meiner eigenen Widersprüchlichkeit bitte, beginnt für mich und durch mich die Erneuerung, die Reformation der Kirche. Deshalb bete ich:
Herr, erneuere deine Kirche und fange bei mir an.
Herr, erwecke deine Kirche und fange bei mir an.
Herr, laß Frieden und Gerechtigkeit auf Erden kommen und fange bei mir an.
Herr, bringe deine Liebe und Wahrheit zu allen Menschen und fange bei mir und durch mich an. Amen.

Lied der KonfirmandInnen: Du gabst uns, Herr, dein festes Wort

2. Deinen Atem gabst du uns jetzt schon als Unterpfand,
denn als Kinder deines Vaters sind wir anerkannt.
Du, Herr, gabst uns ...

3. Nähr die Kirche, alle Glieder, stets mit deiner Kraft,
stärk uns täglich immer wieder in der Jüngerschaft.
Du, Herr, gabst uns ...

4. Von den Mächten dieser Weltzeit sind wir hart bedrängt,
doch im Glauben hast du uns schon Gottes Kraft geschenkt.
Du, Herr, gabst uns ...

5. Immer wieder will ich singen: Gib uns deinen Geist,
der die Herzen, auch die trägen, mit der Freude speist.
Du, Herr, gabst uns ...

Der Gottesdienst wird mit der Feier des Abendmahls fortgesetzt. Zum Abschluß verteilen die KonfirmandInnen am Ausgang das Blatt »Mein Bild von Kirche« an alle GottesdienstbesucherInnen.

V. Adventliche Konfirmandengottesdienste

Die Adventszeit mit ihrer Symbolik von Licht und Finsternis, mit der in vielen Gemeinden üblich gewordenen Konzentration auf die Arbeit von BROT FÜR DIE WELT, mit ihren zum Teil sehr schwierigen Predigttexten und mit dem Bedürfnis vieler Gemeindeglieder nach Besinnung und Ruhe eignet sich in besonderer Weise für die Gestaltung von Konfirmandengottesdiensten. Diese Gottesdienste können sehr gut im Rahmen verschiedener Unterrichtseinheiten vorbereitet werden, entweder – wie die ersten beiden Beispiele zeigen – im Rahmen einer Einheit zum Thema »Ökumene« oder »Ökumenische Diakonie« oder – wie das dritte Beispiel deutlich macht – im Zusammenhang einer Einheit über Jesus Christus. Schließlich ist auch eine Einbindung in die Unterrichtseinheit »Abendmahl« möglich (siehe II/2).

Laßt uns anlegen die Waffen des Lichts (Röm 13,8ff)

Der Predigtteil dieses Gottesdienstes versucht, die Epistel zum 1. Advent aus Röm 13,8–12 unter Mitwirkung der KonfirmandInnen und einer Mitarbeiterin aus der Ökumene auszulegen. Der Predigtteil beginnt mit einer kurzen Ansprache des Pfarrers/der Pfarrerin:

Liebe Gemeinde!
Endlich ist sie wieder da – die Zeit des Advents, die Zeit der Freude nach den stillen Tagen am Ende des Kirchenjahres, die Zeit des Lichts in diesen dunklen Tagen, die immer kürzer werden. Endlich ist sie da, die Adventszeit, die unsere Herzen vor Freude höher schlagen läßt und die in das Dunkel dieser Tage etwas Licht bringt.
Leider haben wir uns schon daran gewöhnt, daß unsere adventliche Freude immer stärker durch die Gefühlsduselei eines auf Umsatz bedachten Weihnachtsgeschäftes verfälscht worden ist. Leider haben wir uns schon daran gewöhnt, daß das wahre Licht des Advents – die Ankunft Christi – durch andere grelle, den Advent entstellende Lichter überstrahlt wird.
Da tut es uns Christen schon gut, an diesem 1. Advent an die wahre Adventsfreude und an das wahre Licht des Advents erinnert zu werden. Genau diese Erinnerung soll geschehen durch den Predigttext zum 1. Advent aus dem 13. Kapitel des Römerbriefes: »Seid niemand etwas schuldig, außer daß ihr euch untereinander liebt; denn wer den andern liebt, der hat das Gesetz erfüllt. Denn was da gesagt ist: ›Du sollst nicht ehebrechen; du sollst nicht töten; du sollst nicht stehlen; du sollst nicht begehren‹, und was da sonst an Geboten ist, das wird in diesem Wort zusammengefaßt: ›Du sollst deinen Nächsten lieben wie dich selbst.‹

Die Liebe tut dem Nächsten nichts Böses. So ist nun die Liebe des Gesetzes Erfüllung. Und das tut, weil ihr die Zeit erkennt, nämlich daß die Stunde da ist, aufzustehen vom Schlaf, denn unser Heil ist jetzt näher als zu der Zeit, da wir gläubig wurden. Die Nacht ist vorgerückt, der Tag aber nahe herbeigekommen. So laßt uns ablegen die Werke der Finsternis und anlegen die Waffen des Lichts.«
Liebe Gemeinde, ein merkwürdig nüchterner Adventstext, nicht wahr? Ich finde an diesem Text so wichtig, daß hier der Advent, die Ankunft Jesu Christi, in Beziehung gesetzt ist zum Alltag unseres Lebens. Der Alltag wird nicht verdrängt durch Gefühlsduselei oder grelle Lichter. Nein, die Ankunft Jesu verweist uns auf unseren Alltag: Weil Christus bald kommt, sollen wir in unserem Alltag Liebe üben gegenüber unserem Nächsten. Und indem wir Liebe üben, spürt die Welt etwas vom Advent Jesu Christi. Das ist die Botschaft dieses Textes, in dem Paulus urchristliche Taufermahnungen aufgenommen hat. Ja: In der Taufe wurden wir ausgestattet mit Waffen des Lichts. Unsere Taufe ist der Grund zu unserer Liebe. Und überall, wo Menschen diese Waffen des Lichts einsetzen, wo sie Liebe üben, überall dort erfährt man etwas von der Ankunft Christi. Überall dort verwandelt sich etwas, entsteht adventliche Freude, wird es ein wenig heller.
Gemeinsam mit den KonfirmandInnen und mit einer Mitarbeiterin von der Regionalstelle für Mission und Ökumene wollen wir nun an drei Beispielen verdeutlichen, wie adventliche Freude entstehen kann durch unsere Liebe, wie es hell werden kann, wenn Christen ihre Waffen des Lichts anlegen.

Das 1. Beispiel

Ein Konfirmand mit einer ausgeblasenen Kerze in der Hand beschreibt die Situation eines einsamen Menschen:

(selbst formulierter Text)

Ein Konfirmand mit einer brennenden Kerze in der Hand kommt und beschreibt, wie *Trost als Waffe des Lichts* wirkt, und gibt sein Licht an den Einsamen weiter.

KonfirmandInnen singen: In der Mitte der Nacht liegt der Anfang eines neuen Tags (Str. 1)

2. Ich will Licht sein, wenn die Nacht dich schreckt,
die richtigen Worte finden, die die Liebe weckt.
Ich will Licht sein.

3. Laß uns Licht sehn schon im Morgenrot,
auf unseren Wegen gehen, wo kein Unheil droht.
Laß uns Licht sehn.

Das 2. Beispiel

Eine Konfirmandin mit einer ausgeblasenen Kerze in der Hand beschreibt die Situation eines Versagers:

(selbst formulierter Text)

Eine Konfirmandin mit einer brennenden Kerze in der Hand kommt und beschreibt, wie *Ermunterung als Waffe des Lichts* wirkt, und gibt ihr Licht an den Versager weiter.

KonfirmandInnen singen: In der Mitte der Nacht (Str. 2)

Das 3. Beispiel

Eine Mitarbeiterin aus Südkorea steht an einer Erdkugel, auf die eine ausgeblasene Kerze gesteckt ist, und beschreibt die Situation der Not in Korea. Sie geht zum anderen Mikrophon, nimmt eine brennende Kerze in die Hand und beschreibt, wie durch die Arbeit von BROT FÜR DIE WELT Licht in das Dunkel Koreas kommt. Sie gibt ihr Licht nach Korea weiter.

KonfirmandInnen singen: In der Mitte der Nacht (Str. 3)

Nun wird das adventliche Licht an die Gemeinde weitergegeben: KonfirmandInnen verteilen Kerzen, deren Untersetzer den Text von Röm 13,12 tragen (Orgel improvisiert dazu EKG 14)

Lied
14,1–3 Die Nacht ist vorgedrungen

Fürbittgebet
Herr, wir danken dir, daß du uns in diesen Tagen des Advents an deine Ankunft bei uns Menschen erinnerst.
Wir danken dir, daß du mit deiner Liebe zu uns kommst, zu den Einsamen, zu den Kranken, zu den Versagern, zu den Menschen in bitterer Not,
zu den Traurigen, besonders zu denen, die in diesen Tagen um unsere Verstorbenen trauern.
Wir bitten dich: Jetzt, da wir spüren, daß durch deine Ankunft die Nacht vergeht und der Tag nahe herbeigekommen ist, schenke uns jetzt Kraft, deine Ankunft vor aller Welt zu bezeugen.
Rüste uns aus mit den Waffen des Lichts, mit deiner Liebe, die dem Nächsten gilt,
dem Nächsten hier bei uns ebenso wie dem Nächsten an anderen Orten der Erde.
Rüste uns aus mit den Waffen des Lichts, damit durch unser Tun diese Welt ein wenig heller wird.

Vaterunser

Friedensgruß

Schlußlied
14,4.5 Die Nacht ist vorgedrungen

Abkündigungen

Segen

Die Erde ist des Herrn (Ps 24,1)

Instrumentalvorspiel

Eingangslied
6,1–3 Macht hoch die Tür

Votum

Eingangsspruch
Ps 24 gemeinsam mit der Gemeinde gesprochen

Eingangsgebet
Die ganze Welt gehört dir, o Gott!
Die Sonne, der Mond und die Sterne;
das Weltall und unsere Erde.
Die ganze Welt gehört dir, o Gott!
Und du kommst zu uns in Jesus Christus.
Du lagst als Kind in der Krippe,
du starbst am Kreuz,
du bist auferstanden aus dem Grab.
Du kommst zu uns. Du kommst in unsere Welt.
Wir wollen dich empfangen und dich aufnehmen
mit Zweigen und Kränzen,
mit Kerzen und mit Liedern.
In unseren Häusern und Wohnungen,
in unseren Familien und in unseren Wohnungen,
in deiner Schöpfung, auf dieser Erde.
Wir wollen dich empfangen und dich aufnehmen.
Hilf uns, daß wir es recht tun.
Kyrie eleison...

Gnadenspruch
Hört den Trost des Evangeliums: Darin ist erschienen die Liebe Gottes unter uns, daß Gott seinen eingeborenen Sohn gesandt hat in die Welt, daß wir durch ihn leben sollen.
Ehre sei Gott in der Höhe...

Lobvers
Lobsingt dem Herrn und preist seine Gnade: 11,1–3

Gruß

Kollektengebet

Schriftlesung: Mt 21,1 ff

Predigtlied
10,1.2.5.6.9 Wie soll ich dich empfangen

Für die Gestaltung des Predigtteils wurde von den KonfirmandInnen eine Erdkugel auf Folie gemalt (Vorlage: »Menschen-Friedens-Band« als Poster oder Doppelpostkarte erhältlich über die Friedensinitiative Rotenburg, Martin-Luther-Kirche, 6442 Rotenburg a. d. Fulda), über und unter die Erdkugel wurden Worte aus Ps 24,1 geschrieben. Diese Folie wurde auf einen Tageslichtprojektor gelegt und mit einem schwarzen Tonpapier abgedeckt, in welches sechs Tore eingeschnitten waren. Im Verlauf des Predigtteils wurden diese »Tore« gemäß Ps 24,7.9 »weit aufgemacht«.

Predigtteil

Pfr.: »Machet die Tore weit und die Türen in der Welt hoch, daß der König der Ehre einziehe.«
Diese Worte aus dem 24. Psalm sind uns, liebe Schwestern und Brüder, vertraut. Es sind Worte, die zum 1. Advent gehören wie die 1. Kerze am Adventskranz und das Singen adventlicher Lieder. Wir haben uns daran gewöhnt, diese Worte vom einziehenden König der Ehre auf Jesus Christus zu deuten: Im Licht des Evangeliums zum 1. Advent sehen wir in dem König, für den die Türen weit aufgemacht werden sollen, Jesus Christus.
Der 24. Psalm aber, den wir vorhin gemeinsam gebetet haben, spricht dagegen von Gott, dem Schöpfer, dem die Erde gehört und was darinnen ist. Was bedeutet es, den Advent Gottes, des Schöpfers, zu feiern? Was bedeutet es, für Gott, den Schöpfer, Türen in der Welt aufzumachen? Zunächst einmal bedeutet es (1. Tür auf),
daß jeder einzelne von uns Türen in seinem Herzen öffnet, um Gott, den Schöpfer, bei sich einzulassen.
Komm, du, der du mein Schöpfer bist,
meins Herzens Tür dir offen ist.
Ach zeuch mit deiner Gnaden ein,
dein Freundlichkeit auch uns erschein.
Dein Heilger Geist uns führ und leit
den Weg zur ewgen Seligkeit.
Dem Namen dein, o Herr,
sei ewig Preis und Ehr.

Wo ich Gott, den Schöpfer, einlasse in mein Herz, da wird mein Herz frei in der Zuwendung zu den Geschöpfen Gottes. Da sieht mein Auge die Schönheiten und Nöte der Mitgeschöpfe. Da erkenne ich in Gottes Schöpfung meine Schwestern und Brüder, denen ich geschwisterlich verbunden bin.

Konf. A: Die Erde ist des Herrn und was darinnen ist, der Erdkreis und die darauf wohnen.
Machet die Tore weit und die Türen in der Welt hoch, daß der König der Ehre einziehe.

Pfr.: Den Advent Gottes, des Schöpfers, in dieser Welt feiern, das geschieht, indem wir Türen öffnen zu Menschen, die auf uns warten (2. Tür auf).

Konf. B: Peter ist durch einen Autounfall, an dem er unschuldig war, blind geworden. Er fühlt sich einsam und verlassen, weil sich niemand um ihn kümmert. Er kann sich nur schwer allein zurechtfinden, er ist deprimiert und hilflos, abgekapselt und verbittert. Wir öffnen eine Tür, damit Gott, der Herr, zu ihm kommen kann, indem wir ihn besuchen, mit ihm reden und auf ihn eingehen. Wir wollen Freundschaft mit ihm schließen, mit ihm etwas unternehmen, ihm helfen. Wir können dann merken, daß er vieles kann, was wir nicht können. Denn schließen wir, die wir sehen können, einmal die Augen, stehen wir noch viel hilfloser da als ein Blinder. Durch unsere Zuwendung hat der blinde Peter das Gefühl, er sei gleichwertig wie wir, und gehört mit in die Gemeinschaft. Er fühlt sich nicht mehr einsam.

Konf. A: Die Erde ist des Herrn...

Pfr.: Den Advent Gottes, des Schöpfers, in dieser Welt feiern, das können wir als Gemeinde besonders gut an diesem Wochen-

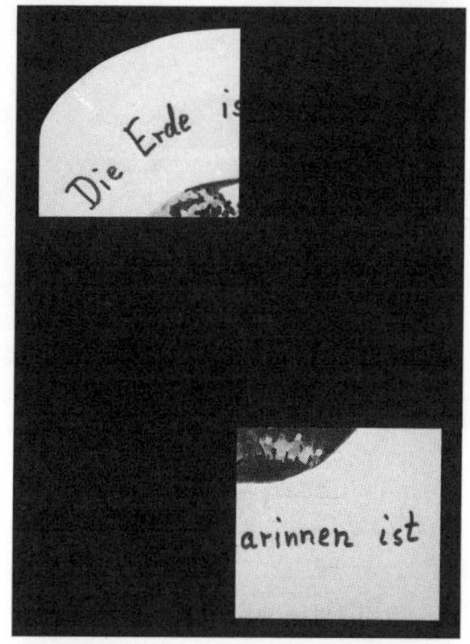

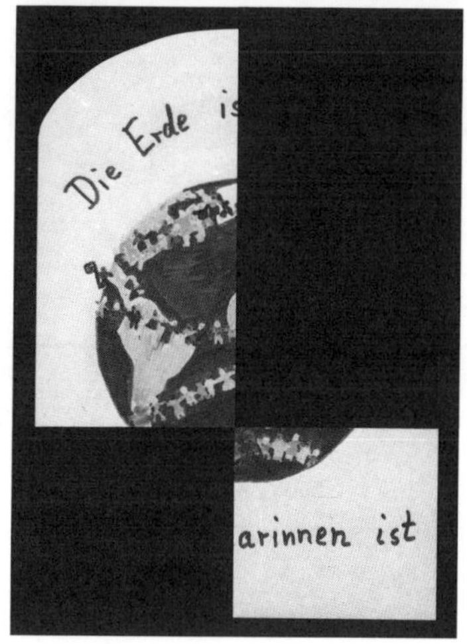

ende, beim Feiern unseres Gemeindefestes (3. Tür auf),
die Türen des Gemeindehauses öffnen,
die Türen der Gemeinde öffnen,
einladende Gemeinde sein,
offen für Fremde,
offen für unsere eritreischen Freunde,
offen für Menschen, die der Kirche ablehnend gegenüberstehen,
offen für Menschen, die wir nur selten in unserem Gemeindehaus sehen,
in dieser Offenheit uns als Geschwister, als Kinder desselben Gottes erleben.

Konf. A: Die Erde ist des Herrn ...

Pfr.: Den Advent Gottes, des Schöpfers, in dieser Welt feiern, das können wir, indem wir zum Beispiel durch die Arbeit von Brot für die Welt Türen öffnen zu Menschen in Not, zu unseren fernen Nächsten etwa in Kamerun oder Nicaragua (4. Tür auf).

Konf. C: Brot für die Welt und Mitglieder einer christlichen Kirche unterstützen ein Töpfereiprojekt in einem Dorf in der Nordwestregion Kameruns. Diese Organisationen stifteten zur Verbesserung der traditionellen Töpferei einen neuen Brennofen, der eine höhere Temperatur erreicht, jedoch sehr viel mehr Holz verbraucht. Deshalb startete man ein Aufforstungsprogramm. Brot für die Welt bittet um ein Startkapital, damit die Töpfer eigene Werkstätten eröffnen können. Die alten Formen und Muster, die im Töpferhandwerk fast schon in Vergessenheit geraten waren, sollen von den jungen Töpfern wiederbelebt werden.

Konf. A: Die Erde ist des Herrn ...

Konf. D: Nur 15 % der nicaraguanischen Bevölkerung sind protestantische Christen (5. Tür auf). Und doch haben gerade protestantische Kirchen nach 1979 intensiv am Aufbau des Landes mitgewirkt. Führende Protestanten wurden in Konflikten immer wieder zu Vermittlern berufen. Dennoch wird von der Kirche beklagt, daß der Ausbildung zum Pfarrberuf zu wenig Beachtung geschenkt wird. Deshalb wurde ein Zwei-Jahres-Programm entwickelt, um die Ausbildung zu verbessern. Dazu wird Unterrichtsmaterial erarbeitet. Für die Verkündigung wird ein Radioprogramm entwickelt und ein Gesangbuch herausgegeben. Außerdem wollen die protestantischen Kirchen Nicaraguas die soziale Entwicklung der an der Atlantikküste lebenden Indianer verbessern.

Konf. A: Die Erde ist des Herrn...

Pfr.: Den Advent Gottes, des Schöpfers, in dieser Welt feiern, das können wir, indem wir in unserer bedrohten Schöpfung Türen öffnen, damit diese Schöpfung wieder atmen kann (6. Tür auf).

Konf. E: Unsere Erde ist verschmutzt durch Abgase, Müll und durch chemische Industrie. Die Wälder sterben durch die Abgase unserer Autos. Das Wasser können wir nicht mehr trinken, weil es verschmutzt wird. Viele Tiere sterben durch die verunreinigte Luft und durch rücksichtslose Autofahrer. Pflanzen und Böden gehen kaputt, weil wir sie verseuchen.
Wir öffnen die Türen für unseren Herrn, indem wir weniger Müll produzieren und ihn wiederverwenden durch Recycling, unsere Autos, wenn möglich, mit Katalysator fahren, die Batterien in extra Containern sammeln, die Industrie darauf hinweisen, weniger Abgase zu produzieren, und selbst unseren Müll wie zum Beispiel Dosen, Kaugummis, Zigarettenpackungen und Taschentücher in die dafür vorgesehenen Mülleimer werfen.
Wir hoffen, daß unsere Erde eines Tages wieder so sauber sein wird wie am Schöpfungstag.

Konf. A: Die Erde ist des Herrn...

Pfr.: Sechs Tore in der Welt haben wir geöffnet, damit der König der Ehre, Gott, der Schöpfer, einziehe in dieser Welt, die sein Eigentum ist. Ja, viele Tore sind geöffnet, damit wir und andere Menschen, damit diese Erde und was darinnen ist, etwas spürt vom Kommen Gottes in diese Welt. Und wir alle sind gefragt, ob wir ihn aufnehmen, den König der Ehren: in unseren Herzen, in unseren Häusern, in unserer Gemeinde, in unserem Einsatz für Frieden und Gerechtigkeit und in unserem Bemühen um die Bewahrung der Schöpfung.

Konf. A: Die Erde ist des Herrn...

Lied der KonfirmandInnen
Die Erde ist des Herrn

2. Gebrauche deine Kraft.
   Denn wer was Neues schafft, der läßt uns hoffen.
   Vertraue auf den Geist,
   der in die Zukunft weist, Gott hält sie offen.

3. Geh auf den andern zu.
   Zum Ich gehört ein Du, um Wir zu sagen.
   Leg deine Rüstung ab.
   Weil Gott uns Frieden gab, kannst du ihn wagen.

4. Verlier nicht die Geduld.
   Inmitten aller Schuld ist Gott am Werke.
   Denn der in Jesus Christ
   ein Mensch geworden ist, bleibt unsre Stärke.

Fürbittgebet

Vaterunser

Schlußlied

Abkündigungen

Segen

Bist du es, der da kommen soll? (Mt 11,2ff)

Ausgehend von Christgeburtsdarstellungen aus aller Welt (sehr gute Folien in ku praxis 20 »An Christus glauben«, dort auf S. 12ff auch ein Gottesdienstentwurf), soll in diesem Gottesdienst verdeutlicht werden, welch vielfältige Spuren die Menschwerdung Gottes in Jesus Christus zu jeder Zeit und in jeder Kultur hinterläßt und wie diese Spuren Gottes zwar Antwort auf menschliches Sehnen sind, aber dennoch die alte Frage des Täufers Johannes nicht zum Schweigen bringen: »Bist du es, der da kommen soll?«
KonfirmandInnen führen in den Predigtteil ein durch das Lied »Ein Kind kommt aus Bethlehem«.

2. Wir stehn auf der Seite aller Armen der Welt,
   wir stehn auf der Seite aller Armen der Welt,
   denn das Kind, das wir feiern, kam in Armut zur Welt.
   Alle werden es hören ...

3. Wir sind auf der Suche mit den Menschen der Welt,
   wir sind auf der Suche mit den Menschen der Welt,
   und das Kind, das wir feiern, ist die Antwort, die uns hilft.
   Alle werden es hören ...

4. Die den Menschen vergessen, übersehen auch Gott,
die den Menschen vergessen, übersehen auch Gott,
denn das Kind, das wir feiern, heißt noch immer Menschensohn.
Alle werden es hören ...

In der Eingangsliturgie wurde der Text Mt 11,2–6 durch eine Konfirmandin gelesen, so daß der Predigtteil direkt mit einer Bezugnahme auf diesen Text beginnen kann:

Gnade sei mit uns und Friede von Gott, unserem Vater, und dem Herrn Jesus Christus. Amen.
»Bist du es, der da kommen soll, oder sollen wir auf einen andern warten?« Als Johannes der Täufer diese Frage an Jesus richten ließ, konnte er nicht ahnen, daß diese Frage einmal viele Millionen Menschen in aller Welt beschäftigen würde. »Bist du es, der da kommen soll?«, so fragen Christen und Nichtchristen, so fragen Gläubige und Nichtgläubige in aller Welt. So fragen wir selbst immer wieder – gerade im Advent. Um eine Antwort auf diese Frage zu erhalten, gehen wir heute morgen einen besonderen Weg. Wir schauen uns gemeinsam Darstellungen von der Geburt Christi an, die Künstler aus allen Kontinenten der Erde angefertigt haben und die uns Wichtiges aussagen über den gekommenen und kommenden Christus. KonfirmandInnen werden diese Bilder kommentieren:

1. Bild: Weihnachtsplastik Deutschland

2. Bild: Äthiopien

3. Bild: Japanisches Seidenbild

4. Bild: Eskimos

5. Bild: Afrikanische Holzplastik

6. Bild: Lederdruck aus Brasilien

Sechs verschiedene Darstellungen vom Kommen Christi in diese Welt haben wir gesehen. Jede dieser sechs Darstellungen hat uns auf andere Weise berührt, hat uns anderes verdeutlicht. Aber was ist das Gemeinsame dieser Bilder? Welche Botschaft wollen sie uns mitteilen?

Ich denke, das, was all diese Bilder gemeinsam haben, ist dies: Die Künstler, die diese Darstellungen geschaffen haben, haben Jesus Christus als ihren Bruder erkannt, als den, der ganz und gar einer von ihnen geworden ist, als den, der ganz und gar zu ihnen gekommen ist: in ihr Land, in ihre Kultur, in ihre konkrete Lebenssituation hinein, als den, der sich ganz und gar hineinbegeben hat in unsere Welt.

»Bist du es, der da kommen soll?« Diese Frage wird in diesen Darstellungen mit »Ja« beantwortet, denn wo Menschen erfahren, daß sich Gott in solcher Weise auf sie einläßt, dort kommt menschliches Warten an sein Ziel.

Wo Menschen spüren, daß Gott sich ganz hineinbegibt in ihr Leben, in das Leben der Deutschen wie der Äthiopier, in das Leben der Japaner wie der Eskimos, in das Leben der Afrikaner wie der Brasilianer, wo Menschen erfahren, daß Gott sich so mit ihnen verbündet, daß er ihr Bruder wird, wo Menschen dies erfahren, dort wissen sie: »Er ist es, der da kommen soll, wir brauchen nicht mehr auf einen andern zu warten.«

Aber bleibt doch eine Frage: Wo erfahren wir dies heute, daß Jesus Christus als unser Bruder sich ganz und gar auf uns einläßt? Wo erfahren wir heute, daß er

wirklich ganz und gar zu uns kommt – hinein in unsere konkrete Lebenssituation?
Johannes der Täufer erhielt damals von Jesus eine Antwort auf seine Frage: Jesus verwies auf die von ihm gewirkten Zeichen, auf die Spuren seines Kommens: Blinde sehen, und Lahme gehen, Aussätzige werden rein, und Taube hören, Tote stehen auf, und Armen wird das Evangelium gepredigt. An diesen Spuren sollte Johannes ablesen, daß Jesus sich als Bruder ganz auf die Armen seiner Zeit eingelassen hatte.
Für uns heute ist es schwieriger, Spuren Jesu in unserer Welt zu erkennen. Für uns ist es schwieriger zu sagen, wo wir von Jesus gewirkte Zeichen in unserer konkreten Lebenswirklichkeit entdecken.
Ich möchte ganz persönlich einige Spuren Jesu aufzeigen, an denen ich erkenne, wie er sich als unser Bruder hineinbegibt in unser Leben.
Ich entdecke Spuren Jesu im Leben einer schwerkranken Frau, die aus ihrem Glauben an Jesus Christus immer wieder neue Kraft schöpft, ihr Leiden auszuhalten.
Ich entdecke Spuren Jesu im Wirken eines jungen Menschen, der sich seit Jahren in bewußter Nachfolge Christi beharrlich und gewaltfrei für Frieden und Abrüstung einsetzt.
Ich entdecke Spuren Jesu am Sarg eines Menschen, wo Trauernde fühlen, daß sie den Weg der Trauer nicht alleine gehen müssen.
Ich entdecke Spuren Jesu, wo in Hamburg ein aus christlicher Verantwortung heraus regierender Bürgermeister an das Wunder der Hafenstraße glaubt und auf die Durchsetzung des Rechts mit Macht verzichtet.
Ich entdecke Spuren Jesu schließlich dort, wo Ronald Reagan und Michail Gorbatschow gegen Widerstände im eigenen Lager gemeinsam Schritte zum Frieden wagen und sich als Brüder begegnen.
Das sind für mich persönlich Spuren Jesu in unserer Welt. Zeichen, die mir sagen, daß hier einer gekommen ist, der sich ganz und gar auf mich eingelassen hat, der mein Bruder geworden ist, der mit seiner brüderlichen Liebe Spuren in dieser Welt und in meinem Leben hinterläßt.
»Bist du es, der da kommen soll?« Eine eindeutige Antwort auf diese Frage gibt es nicht. Aber es gibt Gottes Spuren in unserer Welt und in unserem Leben. Machen wir uns auf die adventliche Spurensuche. Es lohnt sich. Amen.

Predigtlied
Im Wechsel werden nun KonfirmandInnen und Gemeinde zwei Lieder miteinander singen. Das eine – es ist der alte Choral »O Heiland, reiß die Himmel auf« – spricht von der alten menschlichen Sehnsucht nach dem Kommen Gottes, das andere versucht, Gottes Spuren in unserer Welt nach dem Kommen Jesu Christi aufzuzeigen: »Wir haben Gottes Spuren festgestellt.«

Gemeinde

KonfirmandInnen

Gemeinde
2. O Gott, ein' Tau vom Himmel gieß, im Tau herab, o Heiland, fließ. Ihr Wolken, brecht und regnet aus den König über Jakobs Haus.

KonfirmandInnen
2. Blühende Bäume haben wir gesehn, wo niemand sie vermutet, Sklaven, die durch das Wasser gehn, das die Herren überflutet.
Zeichen und Wunder sahen wir geschehn...

Gemeinde
4. Wo bleibst du, Trost der ganzen Welt, darauf sie all ihr Hoffnung stellt? O komm, ach komm vom höchsten Saal, komm, tröst uns hier im Jammertal.

KonfirmandInnen
3. Bettler und Lahme sahen wir beim Tanz, hörten, wie Stumme sprachen, durch tote Fensterhöhlen kam ein Glanz, Strahlen, die die Nacht durchbrachen.
Zeichen und Wunder sahen wir geschehn...

Gemeinde
5. O klare Sonn, du schöner Stern, dich wollten wir anschauen gern; o Sonn, geh auf, ohn deinen Schein in Finsternis wir alle sein.

VI. Gottesdienste zu ausgewählten Bibeltexten

Im letzten Teil werden hier Konfirmandengottesdienste vorgestellt, die aus der Arbeit an verschiedenen Bibeltexten entstanden sind. Sie sind dem Themenkreis »Die zehn Gebote« zuzuordnen (VI/1), im Zusammenhang mit der Vorbereitung auf die Friedensdekade zu entwickeln (VI/3 + 4) und zur Behandlung des Themenkreises »Ich glaube an Jesus Christus« in Beziehung zu setzen (VI/2 + 5). Zur Vorbereitung dieser Gottesdienste eignen sich aber besonders gut auch sogenannte »themenfreie« Konfirmandenstunden, die bisweilen nach Abschluß der Pflichteinheiten möglich sind.

Die zehn Gebote – Gottes Angebote zum Leben (2. Mose 20,1ff)

Dieser Gottesdienstentwurf greift zurück auf Materialien und Ideen, die zum einen in ku praxis 22,31ff, zum anderen im »Tagebuch für Konfirmanden« (hg. von U. Seidel u. a., tvd 8710-K, 133ff) veröffentlicht sind, und setzt zwei Doppelstunden zum Thema »Die zehn Gebote« voraus. An Vorarbeiten ist – neben der inhaltlichen Arbeit an den zehn Geboten – eine Collage zu erstellen: Auf festen Pappkarton wird ein menschlicher Körper gemalt. Auf diesen Körper wird Papier gelegt, das in 10 Segmente zerteilt wird. Auf jedes dieser Segmente wird je ein Gebot – als Angebot Gottes von den KonfirmandInnen umformuliert – geschrieben. Diese Segmente werden während des Predigtteils auf den Körper aufgeklebt, so daß während der Predigt der ganze, durch Gottes Gebote zum Leben befreite Mensch sichtbar wird:

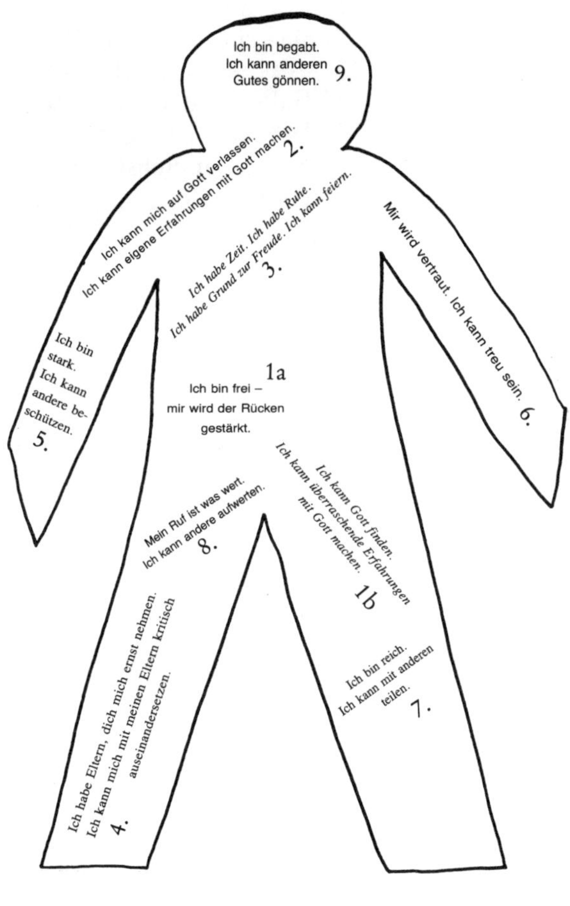

Der in diesem Gottesdienst dargebotene Predigtteil hat den Charakter einer Sprechmotette. Durch die Einfügung eines Kehrverses trägt er fast liturgischen Charakter.

Gottesdienstverlauf

Begrüßung und Einübung des Kehrverses

Lied
190,1–4 Wohl denen, die da wandeln

Votum
Im Namen des Vaters, des Sohnes und des Heiligen Geistes. Amen.

Gemeinsam gesprochener Psalm
Ps 119,9–16

Eingangsgebet
Dein Gebot, Herr, wird uns zum Weg der Freiheit.
Dein Gebot wird uns zum Haus am Weg, das uns birgt.
Dein Gebot läßt uns aufmerken auf unser Ich.
Vor dir können wir so sein, wie wir sind; darum bitten wir um Zeit, um uns selbst zu finden,
um Liebe, um den anderen Menschen als Menschen wahrzunehmen.
um Hoffnung, um neu anzufangen,
um Offenheit, um mit uns ins reine zu kommen,
um Vertrauen, daß du es schon immer gut mit uns gemeint hast.
Wir rufen zu dir:
Kyrie eleison...

Gnadenspruch
Hört den Trost des Evangeliums: Zur Freiheit hat uns Christus befreit! So steht nun fest und laßt euch nicht wieder das Joch der Knechtschaft auflegen!
Ehre sei Gott in der Höhe...

Lobvers
Lobsingt dem Herrn und preist seine Gnade: 187,1 + 3

Gruß

Kollektengebet
Gott der Freiheit. Wir haben deine Gebote, denken darüber nach, lernen sie.
Und wir umgehen sie. Das ist nicht gut für uns.
Wir brauchen deine Kraft für unsere Gedanken und für unsere Taten.
Wir brauchen Maßstäbe, die gültig bleiben.
Wir brauchen Zeit, uns selbst zu prüfen, damit wir nicht schnell fertig werden.
Gib du uns die Freiheit, uns nicht nur an Worte zu halten, uns nicht mit Worten herauszureden, wenn es um Wahrheit und wenn es um andere Menschen geht, sondern darüber hinaus weitherzig zu denken und zu handeln. Und wenn wir entscheiden und wenn wir etwas tun, dann trau uns die Ehrlichkeit zu, für die Folgen selbst einzustehen und nicht andere zu beschuldigen.
Und wenn wir geirrt haben, dann laß uns Vergebung suchen und finden.
Deiner befreienden Kraft vertrauen wir uns an, der du mit dem Sohn und dem Heiligen Geist lebst von Ewigkeit zu Ewigkeit. Amen.

Schriftlesung: Mk 12,28–34 (Konfirmandin)

Predigtlied
Gib uns Freiheit (Anhang 77 der Bad. Landeskirche Nr. 828,1–3)
oder: Als Israel in Ägypten war (Spiritual)

Predigtteil

Gnade sei mit uns und Friede von Gott, unserem Vater, und dem Herrn Jesus Christus. Amen.

Einleitend entwickelt der Pfarrer/die Pfarrerin das *Vorverständnis* der Gemeinde: Zehn Gebote als Fesseln, als Lasten, als Regeln eines anständigen Christseins. Hinweis, daß die hier verwendete Zählung der Gebote und die Luthers variieren, da ja auch die des Alten Testaments nicht eindeutig ist.
Es folgt ein Blick auf den *Zusammenhang, in dem die zehn Gebote in der Bibel stehen:*
- das Volk Israel in der ägyptischen Knechtschaft: Pyramidenbau, Frondienste, Tränen und Leid
- Sehnsucht des Volkes nach Freiheit
- Befreiung aus dem Land der Knechtschaft unter Mose
- Weg aus Ägypten: Weg durch das Schilfmeer mit der Erfahrung des befreienden Gottes, Weg in die Wüste, geführt vom befreienden Gott
- Zweifel an Gott während der Wüstenwanderung, Sehnsucht nach den Fleischtöpfen Ägyptens
- Abfall vom befreienden Gott: Bau eines goldenen Kalbes
- Angst vor der ungewissen Zukunft
- Befreiung vom Zweifel, Befreiung vom Götzendienst, Befreiung von der Angst durch das Geschenk der zehn Gebote, Befreiung zu einem neuen Leben
- die zehn Gebote: Gottes Hilfe zum Leben, Gottes Angebote zu einem neuen Leben

So wollen wir die zehn Gebote heute neu hören: *als Hilfen, als Angebote zum Leben.* Wir wollen dies tun durch *Umschreibungen der zehn Gebote,* die ihren Angebotscharakter deutlich machen, durch *Bilder und Texte,* die die zehn Gebote erläutern, durch das *Singen* des Kehrverses »Ich bin dein Gott, der dich befreit« und indem wir auch *optisch darstellen,* wie die zehn Gebote den ganzen Menschen zu einem neuen Leben befreien.

I. Ich bin der Herr, dein Gott, der dich aus Ägyptenland, aus der Knechtschaft befreit hat. Du sollst keine anderen Götter neben mir haben.

1. Gebot als Angebot der Freiheit formuliert (Text aus ku praxis 22,36f):
In meiner Nähe brauchst Du Dich von niemanden und nichts abhängig zu machen und unterkriegen zu lassen. So wie Du bist, bist Du o.k.
Du bist frei. Du darfst Du sein. Du darfst Dich auch ändern.
Das heißt: »Du sollst keine anderen Götter neben mir haben.«

Folie zum 1. Gebot (»Tagebuch für Konfirmanden«, S. 134) wird von einem Konfirmanden erklärt:

Ich bin der Herr, dein Gott,
du sollst nicht andere Götter haben neben mir.

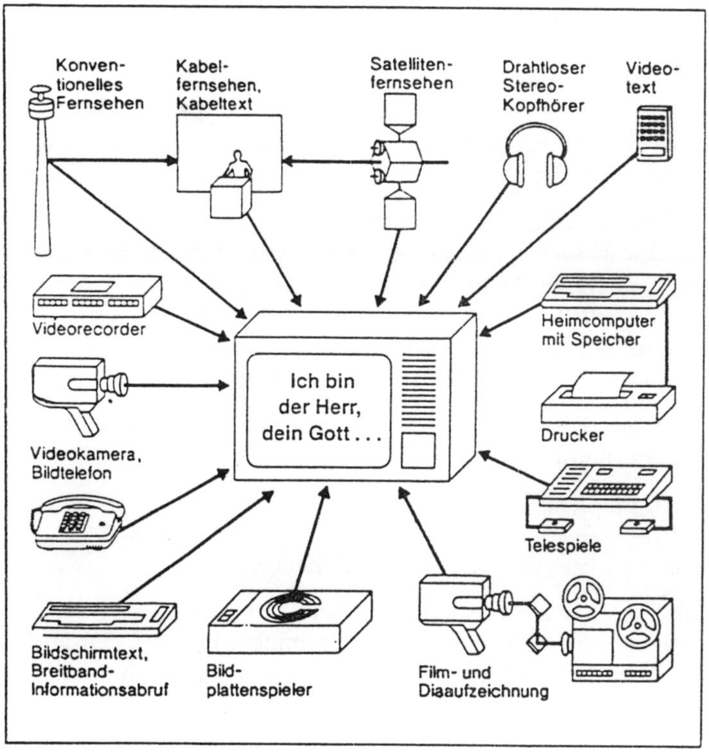

Das Bild stellt dar, daß manche Menschen besser ohne Gott als ohne Fernsehen und Computer auskommen.
Einige sind fernsehsüchtig und halten es gar nicht mehr ohne Fernsehen aus. Gott gibt es dafür in ihrem Leben nicht mehr.
Viele haben zu Hause Telespiele und Heimcomputer.
Die Gefahr, von den Telespielen abhängig zu werden, ist sehr groß.
Für manche Menschen ist der Computer zum Götzen geworden.

1. Segment in den Körper einsetzen: Ich bin frei, weil ich nur den einzigen Gott brauche, der mich frei gemacht hat.

Kehrvers »Ich bin dein Gott«

II. Du sollst dir kein Bildnis von mir machen. Bete es nicht an und diene ihm nicht!

2. Gebot als Angebot der Freiheit formuliert:
In meiner Nähe brauchst Du Dir von mir keine Vorstellungen zu machen. Denn als Dein Befreier habe ich mich selbst vorgestellt.

Du bist frei, neue Erfahrungen mit mir zu machen. Deine Bilder von mir brauchen Dir nicht den Blick für mich zu verstellen.
Das heißt: »Du sollst Dir kein Bild von mir machen!«

2. Segment in den Körper einsetzen: Ich bin frei, weil ich mich nicht auf ein Bild von Gott festzulegen brauche und ihn selbst entdecken kann.

Kehrvers »Ich bin dein Gott«

III. Du sollst den Namen des Herrn, deines Gottes, nicht mißbrauchen, denn der Herr wird den nicht ungestraft lassen, der seinen Namen mißbraucht.

3. Gebot als Angebot der Freiheit formuliert:
In meiner Nähe brauchst Du meinen Namen nicht gegen andere einzusetzen. Denn ich bin auf Deiner Seite, aber nicht gegen andere.
Du bist frei, eigene Erfahrungen mit mir zu machen. Du darfst kritisch sein gegenüber allen, die in meinem Namen reden oder handeln.
Das heißt: »Du sollst meinen Namen nicht mißbrauchen.«

3. Segment in den Körper einsetzen: Ich bin frei, weil ich Gottes Namen nicht mißbrauche und ihm treu bin.

Kehrvers »Ich bin dein Gott«

IV. Du sollst den Feiertag, den Sabbattag, heiligen.

4. Gebot als Angebot der Freiheit formuliert:
In meiner Nähe kannst Du zu Dir selbst kommen. Du hast Zeit und Ruhe.
Du bist frei, Dich daran zu freuen. Du bist eingeladen, zusammen mit anderen in meiner Gemeinde meine Nähe zu feiern.
Das heißt: »Du sollst den Feiertag heiligen.«

Anmerkungen zur Gefahr der Sonntagsarbeit

4. Segment in den Körper einsetzen: Ich bin frei, weil ich Freizeit habe.

Kehrvers »Ich bin dein Gott«

V. Du sollst deinen Vater und deine Mutter ehren, auf daß du lange lebest auf Erden.

5. Gebot als Angebot der Freiheit formuliert:
In meiner Nähe können Eltern und Kinder einander annehmen.
Du bist frei, Dich in die Rolle des anderen zu versetzen. So könnt Ihr Euch bei aller Kritik achten und ehren.
Du möchtest von Deinen Eltern ernst genommen werden; darum tu Du es auch!
Das heißt: »Du sollst Vater und Mutter ehren.«

Text »Wenn du alt bist«
Alt war der Vater geworden. Er hatte kaum noch Zähne im Mund und mußte weiche Speisen essen. Daß er bei den Mahlzeiten schlürfte und kleckerte, ekelte

vor allem seine Schwiegertochter: »Es ist widerlich, wie der ißt!« stöhnte sie; aber der Greis konnte nicht mehr anders.
Kurzerhand verbannte ihn die Frau hinter den großen Kachelofen: Dort hatte er seinen Teller auf dem Schoß und störte kaum. Als er dann aber noch zittrig wurde, und Löffel und Teller laut klapperten, wenn er aß, bekam er einen Holzteller und Holzlöffel.
Einmal sah der Sohn, wie sein Sohn – der Enkel des Alten – mit einem scharfen Messer schnitzte: »Was wird denn das?« fragte er den Kleinen. »Ein Holzlöffel für dich, wenn du alt bist und hinter dem Ofen sitzen mußt!«
Da begriff der Mann:
»Wie ich meine altwerdenden Eltern behandele, so werden mich meine Kinder einmal behandeln, wenn ich alt bin! Von wem sonst sollen sie es denn lernen?«
Und er eilte ins Haus, holte den Vater an den Tisch, setzte ihn an den Ehrenplatz – und dort durfte der Greis bis zu seinem Tode bleiben.

5. Segment in den Körper einsetzen: Weil ich Personen habe, die mir Vertrauen schenken, fühle ich mich frei.

Kehrvers »Ich bin dein Gott«

VI. Du sollst nicht töten.

6. Gebot als Angebot der Freiheit formuliert:
In meiner Nähe kannst Du wachsen und Dich entfalten.
Du bist frei, andere groß werden zu lassen, ihr Leben zu schützen und zu fördern.
Du möchtest nicht von anderen runter-, klein-, kaputt-, fertiggemacht werden; darum tu Du es auch nicht!
Das heißt: »Du sollst nicht töten.«

6. Segment in den Körper einsetzen: Weil ich leben darf, habe ich die Freiheit, das Leben anderer zu schätzen und zu schützen.

Kehrvers »Ich bin dein Gott«

VII. Du sollst nicht ehebrechen.

7. Gebot als Angebot der Freiheit formuliert:
In meiner Nähe kannst Du Deinem Partner/Deiner Partnerin vertrauen.
Du bist frei, zärtlich und behutsam mit ihm/ihr zusammenzusein.
Du möchtest nicht, daß andere Deine Freundschaften zerstören; darum tu Du es auch nicht!
Das heißt: »Du sollst keine Ehe zerstören.«

7. Segment in den Körper einsetzen: Ich habe das Recht, Freundschaften herzustellen und zu erhalten.

Kehrvers »Ich bin dein Gott«

VIII. Du sollst nicht stehlen.

8. Gebot als Angebot der Freiheit formuliert:
In meiner Nähe hast Du mehr als genug. Du kannst auf Deine Kosten kommen, aber nicht auf Kosten anderer.
Du bist frei, für Dich zu behalten und mit anderen zu teilen.
Du möchtest nicht, daß andere sich auf Deine Kosten bereichern; darum tu Du es auch nicht!
Das heißt: »Du sollst nicht stehlen.«

Folie zum 8. Gebot wird von einem Konfirmanden erklärt:

Das Bild stellt eine Sanduhr dar, in der sich zwei Menschen befinden. In der oberen Hälfte befindet sich ein wohlhabender Mann, der sich an den besten Speisen satt(fr)essen kann. In der unteren Hälfte befindet sich ein Farbiger. Auf ihn fallen die Speisereste des Wohlhabenden. So bekommt er nur die Abfälle von dem, was ihm zusteht, was ihm also der Reiche stiehlt. Doch eines Tages wird die Sanduhr abgelaufen sein.

8. Segment in den Körper einsetzen: Ich habe es nicht nötig zu stehlen, weil ich bei Gott nicht zu kurz komme.

Kehrvers »Ich bin dein Gott«

IX. Du sollst nicht falsch Zeugnis reden wider deinen Nächsten.

9. Gebot als Angebot der Freiheit formuliert:
In meiner Nähe kannst Du die Vorzüge anderer entdecken.
Du bist frei, sie anderen weiterzusagen.
Du möchtest nicht, daß andere Gerüchte über Dich verbreiten; darum tu Du es auch nicht!
Das heißt: »Du sollst nicht über andere lügen.«

Text »Das Gerücht« lesen:
Eine geschwätzige Frau, die Freude daran hatte, andere Menschen zu verleumden, bekam von ihrem Beichtvater folgende seltsame Buße auf: »Gehen Sie nach Hause, schlitzen Sie ein Kopfkissen auf und streuen Sie die Federn auf die Straße. Dann kommen Sie wieder zu mir!« Als sie wiederkam, befahl ihr der Priester: »Jetzt sammeln Sie alle Federn wieder ein!« Darauf die Frau: »Aber das geht doch nicht mehr. Die sind doch jetzt in alle Winde zerstreut!« Da antwortete er: »Genauso wie Ihre bösen Worte über andere. Das können Sie gar nicht mehr ganz wiedergutmachen!«

9. Segment in den Körper einsetzen: Weil Gott es gut mit mir meint, brauche ich nicht schlecht über andere zu reden.

Kehrvers: »Ich bin dein Gott«

X. Du sollst nicht begehren deines Nächsten Haus, Weib, Knecht, Magd, Vieh, noch alles, was dein Nächster hat.

10. Gebot als Angebot der Freiheit formuliert:
In meiner Nähe kannst Du Deine Begabungen entdecken.
Du bist frei, sie mit anderen zusammen zu genießen. Darum brauchst Du auf andere nicht neidisch zu sein.
Du möchtest nicht, daß Dir andere etwas neiden; darum tu Du es auch nicht!
Das heißt: »Du sollst nicht begehren, was Dein Nächster hat.«

10. Segment in den Körper einsetzen: Weil Gott mir schenkt, was ich zum Leben brauche, muß ich nicht neidisch sein auf andere.

Kehrvers »Ich bin dein Gott«

Schluß: Durch die zehn Gebote ist der ganze Mensch in allen Bereichen seines Lebens befreit, befreit zur Liebe des Nächsten. Deshalb kann Jesus die Gebote auch zusammenfassen in dem einen Gebot der Liebe »Du sollst deinen Nächsten lieben wie dich selbst«. Dazu hören wir abschließend die Erzählung von den zwei Brüdern (»Tagebuch für Konfirmanden«, S. 152):
Zwei Brüder wohnten einst auf dem Berg Morija. Der jüngere war verheiratet und hatte Kinder, der ältere war unverheiratet und allein. Die beiden Brüder arbeiteten zusammen, sie pflügten das Feld zusammen und streuten zusammen den Samen aus. Zur Zeit der Ernte brachten sie das Getreide ein und teilten die Garben in zwei gleich große Stöße, für jeden einen Stoß Garben.
Als es Nacht geworden war, legte sich jeder der beiden Brüder bei seinen Garben nieder, um zu schlafen.

Der Ältere aber konnte keine Ruhe finden und sprach in seinem Herzen: »Mein Bruder hat eine Familie, ich dagegen bin allein und ohne Kinder, und doch habe ich gleich viele Garben genommen wie er. Das ist nicht recht.« Er stand auf, nahm von seinen Garben und schichtete sie heimlich und leise zu den Garben seines Bruders. Dann legte er sich wieder hin und schlief ein.
In der gleichen Nacht nun, geraume Zeit später, erwachte der Jüngere. Auch er mußte an seinen Bruder denken und sprach in seinem Herzen: »Mein Bruder ist allein und hat keine Kinder. Wer wird in seinen alten Tagen für ihn sorgen?« Und er stand auf, nahm von seinen Garben und trug sie heimlich und leise hinüber zum Stoß des Älteren.
Als es Tag wurde, erhoben sich die beiden Brüder, und wie war jeder erstaunt, daß ihre Garbenstöße die gleichen waren wie am Abend zuvor. Aber keiner sagte dem anderen ein Wort.
In der zweiten Nacht wartete jeder ein Weilchen, bis er den anderen schlafend wähnte. Dann erhoben sie sich, und jeder nahm von seinen Garben, um sie zum Stoß des anderen zu tragen. Auf halbem Weg trafen sie plötzlich aufeinander, und jeder erkannte, wie gut es der andere mit ihm meinte. Da ließen sie ihre Garben fallen und umarmten einander in herzlicher brüderlicher Liebe. Gott im Himmel aber schaute auf sie hernieder und sprach: »Heilig, heilig sei mir dieser Ort. Hier will ich unter den Menschen wohnen.«

Fürbittgebet (von KonfirmandInnen formuliert)

Wir bitten für die Kinder und die Eltern, die nicht gut miteinander auskommen,
daß sie sich besser verstehen und nicht streiten.
Herr, hilf, daß sie über ihre Probleme miteinander sprechen
und daß sie versuchen, sich besser zu verstehen.
Wir rufen zu dir:

Herr, erbarme dich (gesungen)

Wir bitten für die Menschen, die schon einmal getötet haben.
Wir bitten dafür, daß ihnen im Gefängnis das Leben nicht so schwergemacht wird.
Auch bitten wir dafür, daß, wenn sie aus dem Gefängnis herauskommen, ihnen geholfen wird, ein neues Leben anzufangen.
Wir bitten dich, daß den Verbrechern eine neue Arbeitsstelle und eine Chance in unserer Gesellschaft gegeben wird.
Wir rufen zu dir:

Herr, erbarme dich (gesungen)

Wir bitten für die Leute, denen nicht geholfen werden kann, weil sie richtig süchtig nach Stehlen sind.
Wir bitten um Hilfe für die armen Menschen, denen das Notwendigste zum Leben gestohlen wird.
Hilf uns, unseren Reichtum mit ihnen zu teilen.
Wir rufen zu dir:

Herr, erbarme dich (gesungen)

Vaterunser

Schlußlied
Wo ein Mensch Vertrauen gibt (Kirchentagsliederheft 83 »Umkehr zum Leben« [Hannoverscher Anhang], Nr. 723; Auf und macht die Herzen weit [Bayr. Anhang], Nr. 717)

Abkündigungen

Segen

Wer mir dienen will, der folge mir nach (Mk 8,31 ff)

Im Konfirmandenunterricht wurde den KonfirmandInnen der Predigttext Mk 8,31 ff mit Erläuterungen und Aufgaben vorgelegt:
Jesus begann, seine Jünger zu lehren: »Der Menschensohn muß viel leiden und verworfen werden von den Ältesten, Hohenpriestern und Schriftgelehrten und getötet werden – und nach drei Tagen auferstehen.« Und er redete das Wort frei und offen. Und Petrus nahm ihn beiseite und fing an, ihm zu wehren. Er aber wandte sich um, sah seine Jünger an und bedrohte Petrus: »Geh weg von mir, Satan! Denn du meinst nicht, was göttlich, sondern was menschlich ist.« Und er rief zu sich das Volk samt seinen Jüngern und sprach zu ihnen: »Wer mir nachfolgen will, der verleugne sich selbst und nehme sein Kreuz auf sich und folge mir nach! Denn wer sein Leben erhalten will, der wird es verlieren. Und wer sein Leben verliert um meinetwillen und um des Evangeliums willen, der wird es erhalten. Denn was hülfe es dem Menschen, wenn er die ganze Welt gewönne und nähme an seiner Seele Schaden?«

Einige kurze Erklärungen

Menschensohn = Jesus
Älteste, Hohepriester, Schriftgelehrte = Jüdische Führer, die Jesus töten ließen
Sich verleugnen = aufgeben, was man bisher für richtig hielt; ein anderer Mensch werden
Seele = nicht irgend etwas im Menschen drin, sondern »der Mensch selbst«, sein Leben, also: »Was nützt es dem Menschen, wenn er die ganze Welt gewönne und dabei sein Leben verliert«

Gruppenarbeit zum Predigttext Mk 8,31 ff

1. Zwischen Jesus und Petrus kommt es in unserem Text zu einer Auseinandersetzung. Es wird aber nicht genau gesagt, was Petrus dem Jesus entgegnet und worüber beide miteinander streiten. Dies kann man nur aus dem Fortgang des Textes erschließen.

Was könnte Petrus dem Jesus entgegnet haben?
Denkt euch das Streitgespräch aus, das Jesus und Petrus miteinander geführt haben!
Sammelt Argumente, die Petrus, und Argumente, die Jesus gebraucht haben könnte!
Schreibt das Streitgespräch schriftlich nieder!

2. Im Predigttext heißt es an einer Stelle: »Wenn jemand mir nachfolgen will, dann verleugne er sich selbst, nehme sein Kreuz auf sich und folge mir nach!«
Wie könnte ein solches Kreuztragen und Nachfolgen heute konkret aussehen?
Sammelt Beispiele!
Erfindet dazu eine Beispielgeschichte und schreibt sie nieder!

3. Am 19.12.1976 wurde in Südafrika ein schwarzer Bischof namens Buthelezi in sein Amt eingeführt. Bei seiner Einführung hielt er eine Predigt, in der er auch über die Rolle der Kirche in Südafrika sprach. In dieser Predigt heißt es wörtlich:
»Die Kirche in Südafrika hat viel für die Unterdrückten getan. Sie hat Schulen und Krankenhäuser für sie gebaut... Aber es ist nicht genug für die Kirche, daß sie etwas zugunsten der Armen und Unterdrückten in diesem Lande tut; die Kirche muß auch selber arm und unterdrückt werden. Das ist jedenfalls die Gestalt des Dienstes, den Gott uns erwies, als er Mensch wurde, um uns zu retten. Er teilte unser Leben, um uns zu befähigen, seine Wohltaten miteinander zu teilen. Während er dies tat, wurde er verleumdet, gequält, gefangengenommen, geschlagen und getötet.
Wenn die Kirche den Benachteiligten in diesem Lande echten Dienst erweisen will, muß sie bereit sein, verleumdet, gequält, gefangengenommen, geschlagen und, wenn nötig, getötet zu werden. Es ist etwas nicht in Ordnung, wenn die Kirche es sich leisten kann, in Wohlstand zu leben und sich sozialen und politischen Ansehens zu erfreuen, während zur gleichen Zeit ein großer Teil ihrer Glieder leidet und nichts von diesen Dingen genießt. Das würde heißen, daß eine solche Kirche belanglos geworden ist.«
Welche Gedanken aus dem Predigttext kehren in dieser Predigt – allerdings nicht wörtlich – wieder? Gebt diese Gedanken mit eigenen Worten wieder!
Überlegt euch, wie man einen Ausschnitt aus dieser Predigt im Gottesdienst (in der Predigt) einsetzen könnte!

4. Juni 1939. Wenige Wochen vor dem Beginn des Zweiten Weltkrieges. New York. Dietrich Bonhoeffer, ein junger deutscher Theologe, lebt hier seit einigen Tagen im gesicherten Exil (aus Deutschland ausgewandert). Man hat ihm einen Lehrstuhl an einer Universität angeboten. Dort könnte er in Ruhe lernen, lehren, forschen, mit jungen Menschen diskutieren. Im Hafen von New York liegt das letzte Schiff nach Deutschland – und Bonhoeffer überlegt, ob er nach Deutschland zurückkehren oder in Amerika bleiben soll:
»Es war ein Fehler von mir, nach Amerika zu kommen. Ich muß diese schwierige Periode unserer nationalen Geschichte mit den Christen in Deutschland durchleben. Ich werde kein Recht haben, an der Wiederherstellung des christlichen Lebens nach dem Kriege in Deutschland mitzuwirken, wenn ich die Leiden dieser Zeit nicht mit meinem Volke teile.«

Bonhoeffer kehrt nach Deutschland zurück, um den Christen in diesem Land beizustehen. Am 9.4.1945 wird Bonhoeffer im KZ Flossenbürg von den Nazis erschossen.
Was hat diese Begebenheit mit dem Predigttext zu tun?
Sammelt ähnliche Beispiele aus unserer Zeit!

5. Seht euch einige Bilder der Tondiareihe »...und nähme doch Schaden an seiner Seele« (diese Tondiareihe ist über Medienstellen in der Regel erhältlich, sonst beim Evangelischen Missionswerk) an. Überlegt euch, was dieser Titel, der ja auch in unserem Predigttext vorkommt, in der Situation von Südafrika konkret bedeutet!
Wer nimmt hier Schaden an seiner Seele?
Worin besteht dieser Schaden?

Auf der Grundlage dieser Gruppenarbeit entstand folgende Predigt, die im Rahmen eines Gottesdienstes zum Sonntag Estomihi gemeinsam mit KonfirmandInnen gehalten wurde:

Pfr.: Gnade sei mit euch und Friede von Gott, unserem Vater, und dem Herrn Jesus Christus.
Herr, segne unser Reden und Hören! Amen.
Der Predigttext für diesen Gottesdienst steht im Markus-Evangelium im 8. Kapitel in den Versen 31–36. Einige KonfirmandInnen haben sich mit diesem Predigttext beschäftigt und ihn als Sprechszene umgestaltet. In dieser Fassung hören wir den Text:

Konf. A: Jesus begann, seine Jünger zu lehren:

Konf. B: Der Menschensohn muß viel leiden. Von den Ältesten, Hohenpriestern und Schriftgelehrten muß er verworfen und getötet werden – und nach drei Tagen auferstehen.

Konf. A: Dies sagte Jesus ihnen offen heraus. Da nahm Petrus ihn beiseite und fing an, heftig auf ihn einzureden:

Konf. C: Woher möchtest du, Jesus, das heute schon wissen?

Konf. B: Petrus, weißt du nicht, daß ich voraussehen kann?

Konf. C: Wenn du das heute schon weißt, warum fliehst du dann nicht?

Konf. B: Geh mir aus dem Weg, Satan! Denn du hast nicht im Sinn, was göttlich ist, sondern was menschlich ist. Ich werde nicht fliehen, weil ich dazu geboren bin, mein Leben für andere zu opfern. Ich habe euch die ganze Zeit gelehrt, die anderen Menschen zu lieben und auch für sie Opfer zu bringen. Deshalb werde ich für euch in den Tod gehen.

Konf. C: Aber wenn du so früh stirbst, kannst du deine Pläne nicht verwirklichen. Ich habe gehofft, du würdest fliehen und neue Anhänger suchen. Wenn wir genügend Männer und Waffen hätten, könnten wir uns gegen die Hohenpriester, Schriftgelehrten und Ältesten verteidigen und sie mit Gewalt stürzen.

Konf. B: Nein, Petrus! Du weißt, daß ich gegen Gewalt und Krieg bin. Du hast mich völlig mißverstanden. Ich bin zu euch gekommen, um den Menschen Frieden und Gerechtigkeit zu bringen. Wenn es sein muß, werde ich dafür auch sterben.
Im übrigen sage ich euch allen: Wer mir nachfolgen will, der verleugne sich selbst, nehme sein Kreuz auf sich und folge mir nach! Denn wer sein Leben retten will, der wird es verlieren. Doch wer sein Leben verliert um meinetwillen, der wird es retten. Was nützt es dem Menschen, wenn er die ganze Welt gewönne und nähme Schaden an seiner Seele?

Pfr.: Liebe Gemeinde! In diesem Gespräch, in diesem Streit zwischen Jesus und Petrus treffen zwei Welten aufeinander. »Geh weg, Satan, du hast nicht im Sinn, was göttlich ist, sondern was menschlich ist.« Zwei Welten treffen aufeinander: die göttliche und die menschliche Welt. Welche ist uns sympathischer? Welche liegt uns näher?
Sicherlich doch die menschliche Welt, die Petrus vertritt: Er will fliehen vor der Bedrohung – wir nicht auch?
Er will den Widerständen ausweichen – und wir?
Er will nicht leiden, sondern herrschen – wir nicht auch?
Er will sein Leben retten – wer von uns denn nicht?
Der Petrus ist uns sympathisch. Er denkt wie wir. Doch was Jesus ihm sagt, gilt auch uns: »Wer sein Leben retten will, der verliert es. Was nützt es dem Menschen, wenn er die ganze Welt gewönne, aber doch Schaden nähme an seiner Seele?« Das sind die Worte Jesu. Worte aus der göttlichen Welt.

An zwei Beispielen lassen Sie mich verdeutlichen, wie diese Worte unsere menschliche Welt treffen:
a) Die meisten von Ihnen haben wohl in der vorletzten Woche die Sendereihe »Holocaust« über die Vernichtung der Juden im 3. Reich gesehen. In dieser Filmserie tritt ein SS-Führer namens Dorf auf, der für die Durchführung der Vernichtungsaktionen gegen die Juden mitverantwortlich war. Dieser Mann spielte seine Rolle in dem unmenschlichen NS-System perfekt. Er machte Karriere, weil er sich rücksichtslos durchsetzte und die Vernichtungsaktionen auf vorbildliche Weise durchführte. Dieser SS-Mann wollte sein Leben als vorbildlicher Vollstrecker eines barbarischen Systems retten. Aber er verlor dabei seine Ehre, seine Menschlichkeit, seinen Charakter – sein Leben.
b) Ein zweites Beispiel stellt uns nun eine Konfirmandin vor, ein Beispiel aus unserer Zeit. Scheinbar weit weg, aber doch bedrohlich nahe. Das Beispiel Südafrika. Das Beispiel von Menschen, die die Welt gewinnen, aber dabei Schaden nehmen an ihrer Seele.
(Tondiareihe »... und nähme Schaden an seiner Seele«)

Konf.:
Bild 2: Im weißen Südafrika lebt es sich gut. Johannesburg, die geschäftige Industriemetropole, gebaut über den Goldminen, das Herz des südafrikanischen Wirtschaftslebens, spiegelt den Reichtum seiner Bewohner.
Bild 8: Gepflegte Bungalows, Swimmingpools, Tennisplätze und Golfbahnen gehören zum südafrikanischen Lebensstil für Weiße.
Bild 9: Die Arbeit in Haus und Garten wird meist von schwarzen Angestellten verrichtet. Ein beliebtes Gesprächsthema ist es, sich über ihre Langsamkeit und Ungeschicklichkeit auszulassen.
Bild 10: Die Kinder der Weißen wachsen hinein in ein Leben voller Privilegien. Sie kennen es nicht anders als so. Sie hören die Erwachsenen geringschätzig über die Schwarzen sprechen. Wenn sie dann sehen, daß Schwarze immer Diener, Weiße immer Herren sind, glauben sie bald an eine angeborene Minderwertigkeit der Schwarzen.
Bild 13: Weiße leben in der Regel gut in Südafrika. Natürlich sind nicht alle reich. Aber allein schon durch ihre Hautfarbe haben sie teil an einem Leben, das neben Reichtum vieles, was ein Leben lebenswert macht, allein für die Weißen vorsieht: Wohnen, wo man will und wo es schön ist, arbeiten, was man möchte und was viel einbringt, mit der Familie zusammensein, den Kindern eine gute Ausbildung ermöglichen, reisen können, Wahlrecht haben.
Bild 29: In Südafrika leben 4 Millionen Weiße neben 22 Millionen Schwarzen und Farbigen. Die Weißen leben in ihrer abgetrennten weißen Welt. Nur wenige wissen wirklich, wo und wie die Schwarzen leben.
Bild 31: Man lebt besser, wenn man gar nicht erst weiß, wie die Schwarzen leben müssen. Wenn man gar nicht erst weiß, daß Kinder von Schwarzen an solchen Plätzen zu leben gezwungen sind.
Bild 43: Innerhalb der christlichen Kirchen wächst der Widerstand gegen die Rassentrennung. Aber die Regierung spricht gegen junge Weiße, die konsequent für eine Veränderung arbeiten, immer wieder Strafen aus. Manche von ihnen fliehen ins Ausland. Zu ihnen gehört Horst Kleinschmidt, Mitarbeiter des Christlichen Instituts in Johannesburg. Er sagt: »Wir verlassen Südafrika, weil man dort nicht ohne Verlust seiner Würde Mensch sein kann.«

Pfr.: Die Worte von Horst Kleinschmidt sind uns noch in den Ohren. »Wir verlassen Südafrika, weil man dort nicht ohne Verlust seiner Würde Mensch sein kann.« Das ist die Wahrheit über unsere menschliche Welt, die Petrus vertritt und die uns zunächst so sympathisch erschien. Wer sein Leben retten will um jeden Preis – wie jener SS-Offizier im Holocaust-Film und wie die Weißen in Südafrika –, der nimmt Schaden. Sein Leben retten um jeden Preis – das geht nicht ab ohne schweren Schaden an einem selbst. Die Errettung des Lebens wird teuer erkauft – zu teuer: um den Preis menschlicher Würde, die man verliert. Hat Petrus daran gedacht? Haben wir schon einmal daran gedacht?
Aber wie lautet die Alternative, die Jesus anzubieten hat? Sie lautet: Nachfolge. Sich verleugnen. Sein Kreuz auf sich nehmen. Bereit sein, im Einsatz für den Menschen Nachteile für sich selbst in Kauf zu nehmen, wenn nötig, auch das Leben zu riskieren. Das ist die Alternative der göttlichen Welt.

Auch diese Alternative will ich wieder durch zwei Beispiele verdeutlichen:
a) Ein Beispiel aus unserem Alltag, das sich drei KonfirmandInnen ausgedacht haben:
(Konfirmand liest:) In einer Schulklasse ist die Klassenkasse mit einem Betrag von 120 DM gestohlen worden. Martin, der schon einmal etwas entwendet hat, gerät sofort in Verdacht. Er wird zum Rektor gerufen und verwickelt sich beim Verhör durch den Rektor in Widersprüche. Die Polizei wird gerufen. Die Beamten wollen den mutmaßlichen Täter gerade mit auf die Wache nehmen, als die Tür aufgeht und ein anderer Schüler der Klasse, Peter, hereingestürmt kommt. Weinend deutet er auf sich und sagt: »Ich bin der Dieb!« Der Rektor ist empört und droht dem Schüler schlimme Folgen an. Er schreibt einen Brief an Peters Eltern, in dem steht, daß Peter von der Schule gewiesen wird. Auch zu Hause bekommt Peter nun Schwierigkeiten. Seine Eltern behandeln ihn viel strenger als vorher. Auch seine Freunde verlassen ihn, denn mit einem Dieb wollen sie nichts zu tun haben. Trotz all dieser Nachteile freut sich Peter, daß er ehrlich gewesen ist und durch seine Ehrlichkeit einem anderen geholfen hat.

Pfr.: b) Mit dem 2. Beispiel gehen wir noch einmal in die Ferne, zurück nach Südafrika. Wir haben gesehen, wie dort die Weißen Schaden nehmen an ihrer Seele, obwohl sie die ganze Welt gewinnen. Was aber hieße für die Kirche in Südafrika nachfolgen, sich verleugnen, sein Kreuz tragen, sein Leben verlieren um Christi willen und es damit gewinnen? Diese Frage hat Bischof Buthelezi vor wenigen Jahren folgendermaßen beantwortet:

Konf.: »Es ist nicht genug für die Kirche, daß sie etwas zugunsten der Armen und Unterdrückten in diesem Lande tut; die Kirche muß auch selber arm und unterdrückt werden. Jesus teilte unser Leben... Er wurde verleumdet, gequält, gefangengenommen, geschlagen und getötet. Wenn die Kirche den Benachteiligten in diesem Lande echten Dienst erweisen will, muß sie bereit sein, verleumdet, gequält, gefangengenommen, geschlagen und, wenn nötig, getötet zu werden.«

Pfr.: Ja, so kann der Weg der Nachfolge aussehen. Kein einladender Weg. Aber ein Weg, der für die Kirche, ja für uns nötig ist, wenn es um Menschen, um ihre Würde und ihr Recht geht. Und das ist die Wahrheit der göttlichen Welt: Wer auf diesem dornigen Weg der Nachfolge bereit ist zum Leiden, der gewinnt vieles, der rettet sein Leben.
In den beiden Beispielen haben wir gehört: Peter kann sich trotz aller Benachteiligungen, die er erfährt, wieder freuen, denn er hat durch seine Ehrlichkeit seine Ehre, sein Gewissen gerettet. Und die Kirche von Südafrika, die bereit ist, um der Schwarzen willen den Weg der Nachfolge zu gehen, sie wird sicher schwere Leiden erdulden müssen, aber sie rettet ihre Menschlichkeit, ihre Glaubwürdigkeit.
»Wer sein Leben verliert um Christi willen, der wird es retten.« Er wird als glaubwürdiger Nachfolger seines Herrn geachtet werden. Sein Wort wird als glaubwürdig angesehen – auch über den Tod hinaus. Wo Christen den Weg

ihres Herrn glaubwürdig bis zum Ende mitgehen, da gewinnen sie ein Leben, das mit dem Tod kein Ende hat.
Ein solcher glaubwürdiger Nachfolger Christi war Dietrich Bonhoeffer. Als er 1939 im fernen Amerika in Sicherheit lebte, entschloß er sich, nach Deutschland zurückzukehren, um seinen Mitchristen im Kampf gegen den Nationalsozialismus Beistand zu leisten. Er kehrte nach Deutschland zurück und verlor sein Leben 1945 im Konzentrationslager. Nein, er verlor es nicht. Er gewann sein Leben auf dem Weg glaubwürdiger Nachfolge. Er rettete sein Leben. Seine Worte wirken weiter bis in unsere Tage hinein, denn es sind Worte eines Christen, der Ernst machte mit dem Satz »Wer sein Leben verliert um Christi willen, der wird es gewinnen.«
Ein Wort Dietrich Bonhoeffers soll deshalb auch am Ende dieser Predigt stehen. Ein Wort, das uns zugleich Mut machen will, den Weg der Nachfolge mutig zu gehen:
Und reichst du uns den schweren Kelch, den bittern,
des Leids, gefüllt bis an den höchsten Rand,
so nehmen wir ihn dankbar ohne Zittern
aus deiner guten und geliebten Hand. Amen.

Predigtlied
256,1.4–6 Mir nach, spricht Christus

Fürbittgebet
Herr, was hülfe es uns, wenn wir die ganze Welt gewönnen mit Schulbildung und Ausbildung, mit Studium und Wissen
und nähmen doch Schaden an unsrer Fähigkeit,
zu lieben, wie du uns gelehrt hast?
Was hülfe es uns, wenn wir die ganze Welt gewönnen
am Bildschirm und im Fernsehsessel,
politisch interessiert und empört über Unrecht,
und nähmen doch Schaden an unserem Charakter,
an unserer Verpflichtung, für andere einzutreten?
Was hülfe es, wenn wir die ganze Welt gewönnen,
als Touristen und Sommerfrischler, auf Reisen und im Urlaub,
aber nähmen doch Schaden an unserer Fähigkeit,
Kontakte zu knüpfen mit Fremden und Feinden.
Herr, was hülfe es uns, wenn wir die ganze Welt
gewönnen für uns selbst und dabei den Nächsten
verlieren, den du uns gegeben hast?

(Nach M. Fischer, Niedergefahren zur Erde, 62f)

Vaterunser

Abkündigungen

Segen

Von der Schwierigkeit der Feindesliebe (Mt 5,38ff)

Orgelvorspiel

Eingangslied
Du hast uns, Herr, gerufen (Str. 1–3)

Votum
Wir feiern diesen Gottesdienst im Namen des Vaters, der unser aller Vater ist,
im Namen des Sohnes, der unser aller Bruder ist,
und im Namen des Heiligen Geistes, der uns alle miteinander verbindet.
Amen.

Eingangsspruch
Laß dich nicht vom Bösen überwinden, sondern überwinde das Böse mit Gutem.
Ehre sei dem Vater und dem Sohn...

Eingangsgebet
Herr, es fällt uns nicht leicht, so zu leben, wie Jesus es gelehrt hat. Er hat gesagt: Leistet dem Bösen keinen Widerstand. Aber wir zahlen gern mit gleicher Münze heim:
Böses vergelten wir mit Bösem,
Gemeinheit mit Gemeinheit,
Verletzung mit Verletzung.
Jesus hat gesagt: Liebet eure Feinde. Aber wir schaffen es nicht einmal, unseren Bruder zu lieben.
Dem Feind begegnen wir
mit Mißtrauen,
mit Angst,
mit Haß.
Herr, mach uns fähig zur Liebe. Herr, erbarme dich!
Kyrie-Gesang

Gnadenspruch
Hört als Trost des Evangeliums Worte aus der Bergpredigt: Selig sind die Barmherzigen, denn sie werden Barmherzigkeit erlangen. Selig sind die, die um der Gerechtigkeit willen verfolgt werden, denn ihnen gehört das Himmelreich.
Ehre sei Gott in der Höhe...

Lobvers
Lobsingt dem Herrn und preist seine Gnade: 188,1

Gruß

Konf.: Menschen haben starke Kräfte. Wenn man dem Tod ins Auge blickt, verdoppeln sie sich. Aber woher nimmt ein Mensch die Kraft, seine Feinde zu lieben, statt zu hassen? Kommt diese Kraft von Christus? Wir wissen nur, daß Christus diese Kraft hatte. Eines unserer Lebensziele ist, es Christus gleichzutun. Ein Lied, das wir nun vorlesen, handelt von diesem Thema, das gleichzeitig Thema unseres Konfirmandengottesdienstes ist:

Was mancher so aushält, das läßt uns nur staunen.
Woher die Geduld kommt, müssen wir fragen, zu leiden, ohne zu hassen.
Woher kommt die Kraft, nicht zu hassen die Peiniger
und alle, die es dulden, was Menschen den Menschen tun?

Was mancher so aushält, das läßt uns nur staunen.
Weil nicht von Natur aus Menschen bereit sind zu leiden, ohne zu hassen.
Kommt nicht ihre Kraft aus dem Umgang mit jenem,
der gefangen und gefoltert den Feinden den Haß nicht gönnt?

Was Christus bereithält, das läßt uns nur staunen.
Daß er die Geduld gibt, macht Feinde bereit zu lieben, statt zu hassen.
Gib, Herr, uns die Kraft, in der Freiheit der Nachfolger zu leben,
nicht zu dulden, daß Haß uns dem Tod zutreibt. (Text: Dieter Trautwein)

Schriftlesung: Mt 5,38–48

Predigt

Pfr.: Gnade sei mit euch und Friede von Gott, unserem Vater, und dem Herrn Jesus Christus. Amen
In der letzten Konfirmandenstunde haben wir uns mit dem Bibeltext aus der Bergpredigt Jesu beschäftigt, den wir eben als Schriftlesung hörten. Es ist ein im wahrsten Sinne des Wortes provozierender Text. Ein Text, der unseren Widerspruch hervorruft. Haben wir dies vorhin schon gemerkt? Vielleicht merken wir das Provozierende stärker, wenn wir uns anhören, wie einige KonfirmandInnen diesen Text in die heutige Sprache übersetzt haben:

Konf.: Jesus spricht: Es ist üblich zu sagen: Auge um Auge, Zahn um Zahn. Ich aber sage: Wenn dir einer Öl aus deinem Heizöltank stiehlt, dann gib ihm die Gelegenheit, es noch einmal zu tun. Ihr habt auch gehört, daß gesagt wird: Geben sollst du nur deinem Freund! Ich aber sage: Gib nicht nur deinem Freund, sondern gib auch deinem Feind Heizöl. Nur wenn ihr jedem gebt, werdet ihr auch von jedem erhalten. Seinem Freund kann jeder Mensch geben, seinem Feind aber nur die, die Kinder des Vaters im Himmel sind. Und wenn ihr Kinder des Vaters im Himmel werden wollt, dann gebt auch eurem Feind Heizöl.

Pfr.: Beim ersten Zuhören lächeln wir wohl über diese eigenwillige, aktuelle Übersetzung der Worte Jesu. Aber wer daran denkt, welche Heizölrechnungen ihn bei einer Preissteigerung von 100% im nächsten Jahr erwarten, wer daran denkt, daß das Öl ein kostbares, lebenswichtiges Gut ist, der versteht das Provozierende, das die KonfirmandInnen ausdrücken wollten: Gib deinem

Feind das, was bei dir selbst knapp wird. Gib deinem Feind das, was du selber teuer bezahlen mußt. Dann bist du Gottes Kind. Nicht wahr? Diese Worte provozieren. Rufen unseren Widerspruch hervor. Wir möchten diesen Forderungen Jesu widersprechen, etwa so:

Konf.: Lieber Herr Jesus! Wenn nur ein Mensch nach deinen Worten lebt und versucht, in unserer modernen, egoistischen Welt den Menschen zu erklären, daß sie auch so leben sollen, dann wird der doch ausgelacht, verspottet, verstoßen, für verrückt erklärt. Es ist doch schwachsinnig, so zu leben, wie du es forderst.
Lieber Jesus! Deine Einstellung zu den Feinden ist völlig verkehrt. Meine Meinung ist: Wenn mich einer bestiehlt, lasse ich mich nicht noch einmal bestehlen, sondern schlage zurück. Würde man so handeln, wie du es forderst, dann wäre man doch immer der Dumme. Was hat man denn davon, wenn man ewig nachgibt?

Pfr.: So haben KonfirmandInnen ihren Widerspruch gegen die Worte Jesu aus der Bergpredigt formuliert. Wir merken: Dieser Widerspruch ist nicht nur der Widerspruch dieser KonfirmandInnen, es ist auch unser eigener Widerspruch: »Was hat man denn davon, wenn man ewig nachgibt?« Wer von uns hätte dies nicht schon bei sich gedacht und danach gehandelt? Und für unseren Widerspruch gegen die Forderung Jesu spricht doch wirklich auch die Realität des Alltags: Der Schwächere zieht den Kürzeren. Nicht wer nachgibt, ist der Klügere, sondern wer sich mit Geschicklichkeit und List durchsetzt. Und was für den Alltag gilt, das gilt auch und erst recht in der Politik. Einige KonfirmandInnen haben sich mit der amerikanischen Reaktion auf die jüngsten Abrüstungspläne des sowjetischen Parteichefs Breschnew beschäftigt. Bekanntlich halten ja die Amerikaner trotz der Vorschläge Breschnews an ihren Plänen fest, in Mitteleuropa atomare Mittelstreckenraketen zu stationieren. Das Weiterrüsten zwischen Ost und West nimmt kein Ende. Die KonfirmandInnen fanden heraus, daß solche Machtpolitik, solche Politik der Stärke, den Forderungen Jesu nach Feindesliebe gerade widerspricht:

Konf.: Bei Jesus gilt: Wenn ihr bei einem Kampf nachgebt, werdet ihr Kinder Gottes. In der Politik gilt: Wenn eine Macht ihre Stärke zeigt, dann müssen wir zeigen, daß wir stärker sind.
Jesus fordert: Liebet eure Feinde! In der Politik heißt es: Schlagt eure Feinde zurück. Nutzt die Schwächen des Gegners bedingungslos aus.

Pfr.: Ich meine, deutlicher kann es kaum gesagt werden, wie sehr Jesu Worte von der Feindesliebe der Wirklichkeit unserer Welt widersprechen. Doch was machen wir? Lassen wir den Widerspruch einfach stehen und gehen als Christen den Weg, den alle gehen?
Oder versuchen wir, nach der Forderung Jesu zu leben, und gehen dabei an der Wirklichkeit kaputt?
Gibt es keine dritte Möglichkeit? Gibt es keine Möglichkeit, so zu leben, wie Jesus es gelehrt und gewollt hat, ohne dabei an der Wirklichkeit zu verzweifeln? Hören wir die Antwort einer Konfirmandin:

Konf.: Ja, es gibt diese Möglichkeit. Es müssen sich mehrere Menschen zusammenfinden zu einer Gruppe oder Organisation. Diese Menschen müssen den anderen langsam erklären und vorleben, daß es besser ist, so zu leben, wie Jesus es fordert. Das Vorbild dieser Menschen steckt auch andere an und verändert sie. So kann die Welt verändert werden. Dann beginnt ein neues Zeitalter der Menschlichkeit.

Pfr.: Was diese Konfirmandin hier mit eigenen Worten gesagt hat, das ist es: Die Forderung Jesu überfordert den einzelnen Menschen. Aber da, wo wir Menschen finden, die mit uns gehen, da, wo wir als Gemeinde Jesu Christi nach seiner Forderung leben, da gelingt uns die Veränderung der Welt. In der Gemeinde machen wir uns gegenseitig Mut zur Feindesliebe.
In der Gemeinschaft machen wir uns Mut zum Nachgeben. In der Gemeinschaft lernen wir den Verzicht auf Durchsetzung unserer Machtansprüche. In der Gemeinde lernen wir den Verzicht auf Rache. Und in der Gemeinde spüren wir, wie sehr sich solch ein Leben lohnt. Wenn wir dies als Gemeinde lernen und tun, dann steckt das andere an, dann zieht das Kreise über die Gemeinde hinaus. Dann verändert das die Welt.
Ins Wasser fällt ein Stein, ganz heimlich, still und leise;
und ist er noch so klein, er zieht doch weite Kreise.
Wo Jesu große Liebe in einen Menschen fällt,
da wirkt sie fort in Tat und Wort
hinaus in unsre Welt. Amen.

Lied
216,1 + 2 Wach auf, du Geist der ersten Zeugen

Fürbitten (gelesen von einer Konfirmandin)
O Herr, mach mich zu einem Werkzeug deines Friedens,
daß ich Liebe übe, wo man sich haßt,
daß ich verzeihe, wo man sich beleidigt,
daß ich verbinde, wo Streit ist.
Daß ich die Wahrheit sage, wo der Irrtum herrscht,
daß ich den Glauben bringe, wo der Zweifel drückt,
daß ich die Hoffnung wecke, wo Verzweiflung quält,
daß ich dein Licht entzünde, wo die Finsternis regiert,
daß ich Freude mache, wo der Kummer wohnt.

Vaterunser

Schlußlied
Du hast uns, Herr, gerufen (Str. 4–6)

Abkündigungen

Segen

Christus ist unser Friede (Eph 2,14)

Oft fällt es schwer, KonfirmandInnen für das Anliegen einer Friedensdekade zu interessieren. Sicherlich gelingt dies besser, wenn es in einer Gemeinde einen konkreten Ansatzpunkt zu einem Engagement für Frieden, Gerechtigkeit und Bewahrung der Schöpfung gibt. Im Jahr 1985 begann unsere Gemeinde teilzunehmen an einer »Zwillingspartnerschaft«, einer doppelten Partnerschaft mit einer Gemeinde im Osten (Polen) und im Süden der Welt (Südafrika). Über das Projekt »Zwillingspartnerschaft« und seinen Beitrag zum Frieden wurden die KonfirmandInnen ausführlich informiert, und mit Hilfe des Materials in ku praxis 17,60–62 geschah eine gezielte Vorbereitung auf einen Gottesdienst zur Friedensdekade. Das für diesen Gottesdienst notwendige Material (Folie eines Linolschnitts von Azaria Mbatha mit Schablone) ist beim Katechetischen Amt der Evang.-Luth. Kirche in Bayern, Neue Abtei, 8807 Heilsbronn, erhältlich. Man kann aber auch eine Folie durch Kopie aus dem Konfirmandenbuch »Leben entdecken«, S. 113 oder aus Th. Sundermeier, »Südafrikanische Passion« für den Gottesdienst erstellen.
Eingeleitet wird der Predigtteil durch den Kanon »Jesus Christus, Leben der Welt« von F. Baltruweit (in: Jesus Christus – das Leben der Welt, Gottesdienstbuch für die 6. Vollversammlung der ÖRK, S. 64), dann wird der erste Teil der Folie gezeigt. Dazu spricht ein Konfirmand folgenden (selbst verfaßten) Text:

1. Meditation
Mauern trennen Völker. Es entsteht Krieg.
Mauern trennen Behinderte von Gesunden. Es entsteht Mißachtung.
Mauern trennen Religionen. Es entsteht Feindschaft.
Mauern trennen Deutsche von Ausländern. Es entstehen Vorurteile.
Mauern trennen Verbrecher von Normalen. Es entsteht Abneigung.
Mauern trennen Ost und West. Es entsteht Haß.

Der zweite Teil der Folie wird aufgedeckt.

Dazu Text einer Konfirmandin:
Jesus Christus ist für alle Menschen da, er ist für alle Menschen am Kreuz gestorben.
Durch die Kreuzigung Jesu werden Mauern zerstört, Mauern zwischen den Rassen, zwischen den Völkern, zwischen Menschen mit unterschiedlichen Meinungen.
Die Menschen leben unter dem Kreuz zusammen.
Es entsteht unter dem Kreuz eine Gemeinschaft.
Die Menschen unter dem Kreuz akzeptieren sich und verstehen sich gegenseitig.

Der dritte Teil der Folie wird aufgedeckt.

Dazu Text eines Konfirmanden:
Menschen, die nicht mehr durch Mauern getrennt sind,
verstehen sich,
sie reden zueinander und hören einander zu,
keiner stellt sich höher als der andere,
sie leben nicht getrennt voneinander,
jeder ist ein Teil vom anderen,
sie verstehen die Gedanken des anderen,
sie sind Freunde,
ihr Aussehen, ihre Rasse trennen sie nicht von anderen,
sie handeln gemeinsam.

2. Meditative Ansprache zur Folie (PfarrerIn)
Eine alltägliche Erfahrung: Mauern trennen uns voneinander.
In unseren Familien,
in unseren Schulen,
in unseren Gemeinden;
Mauern zwischen den Generationen,
Mauern zwischen den Konfessionen,
Mauern zwischen den Religionen,
Mauern zwischen West und Ost, zwischen Nord und Süd.

Eine alltägliche Erfahrung: Mauern bestimmen unsere Wirklichkeit,
sie verursachen Abneigung, Mißachtung, Vorurteile,
sie erzeugen Feindschaft, Haß, Krieg,
sie schmerzen, machen traurig, isolieren.
Unsere Wirklichkeit: eine vermauerte Wirklichkeit.

Eine nicht alltägliche Botschaft: Christus ist unser Friede. Er hat die Mauern der Feindschaft niedergerissen.
Wir hören diese Botschaft.
Wir hören, was Jesus Christus getan hat
für die Mißachteten seiner Zeit,
für die durch Vorurteile Abgestempelten.
Wie er zu ihnen gegangen ist, um mit ihnen zu essen und zu trinken.
Wie er ihnen den Schmerz der Isolation nahm und sie zur Freude befreite.
Wie er die Mauern sprengte, die sie von anderen trennten.
Wir hören, was Jesus Christus gelehrt hat:
»Liebet eure Feinde, bittet für die, die euch verfolgen!
Selig seid ihr, die ihr Frieden stiftet, denn ihr werdet Gottes Kinder heißen.
Selig seid ihr, die ihr hungert und dürstet nach der Gerechtigkeit, denn ihr werdet satt werden!«
Mit diesen Worten hat er die Mauern der Feindschaft niedergerissen.
Wir hören, was Jesus Christus für sein Tun und für seine Worte erlitten hat.
Das Kreuz – Folge seines mauersprengenden Tuns.
Das Kreuz – Folge seiner mauerniederreißenden Worte.
Das Kreuz – Brücke zwischen Menschen, die einst durch Mauern getrennt waren.
Das Kreuz – eine neue Wirklichkeit in unserem Leben, eine Wirklichkeit ohne Mauern.
Was gilt?
Unsere alltägliche vermauerte Wirklichkeit oder die Wirklichkeit des Kreuzes, die Wirklichkeit Christi?
Was gilt?
Die Wirklichkeit der Abneigung, der Mißachtung und der Vorurteile oder die Wirklichkeit der Gemeinschaft, der Achtung und des Mitempfindens mit anderen?
Was gilt?
Die Wirklichkeit der Mauern oder die Friedenswirklichkeit Christi?
Was gilt für uns Christen?
Wir können nicht verhindern, daß es immer wieder Mauern in unserer Welt gibt.
Aber weil wir von der mauerbrechenden Wirklichkeit Christi wissen, dürfen wir die Mauern der Welt nicht tatenlos hinnehmen,
nicht die Mauern in unseren Familien, Schulen und Gemeinden,
nicht die Mauern zwischen Generationen, Konfessionen und Religionen,
nicht die Mauern der Apartheid zwischen Nord und Süd,
nicht die Mauern der Apartheid zwischen West und Ost.
Weil wir wissen von der mauerüberwindenden Wirklichkeit Christi,
müssen wir die Menschen auf der anderen Seite der Mauern kennen- und verstehen lernen,

müssen wir bereit sein zur intelligenten Feindesliebe,
müssen wir es hinnehmen, wenn man uns deshalb als Träumer, als Spinner oder als Kommunisten verdächtigt.
Wir wissen: Wenn wir an die mauerüberwindende Friedenswirklichkeit Christi erinnern,
dann ist dies keine Träumerei,
dann gehen wir auf den Spuren unseres Herrn,
dann erfüllen wir unseren Auftrag als Christen.

Aber wie können wir konkret dazu beitragen, Mauern der Feindschaft zu überwinden? Wie können wir der Friedenswirklichkeit Christi Gestalt geben in unserer vermauerten Wirklichkeit? Eine Möglichkeit, dies zu tun, ist das Modell der Zwillingspartnerschaft, das uns nun vorgestellt wird:

Es folgen drei kurze Beiträge, in denen das Projekt »Zwillingspartnerschaft« in seiner Intention erläutert und seine praktische Durchführung beschrieben wird. An dieser Stelle wären auch andere Konkretionen denkbar.

Der Predigtteil schließt mit dem polnischen Friedenslied »Friede soll mit euch sein«.

2. In jedem Menschen selbst herrschen Unrast und Unruh ohn Ende,
selbst wenn wir ständig versuchen, Friede für alle zu schaffen.

3. Laß uns in deiner Hand finden, was du für alle verheißen.
Herr, fülle unser Verlangen, gib du uns selber den Frieden.

Ich bin der Weg, die Wahrheit und das Leben (Joh 14,6)

Eingangslied
294,1.4.12 Befiehl du deine Wege

Votum

Spruch
Ich bin der Weg, die Wahrheit und das Leben, niemand kommt zum Vater denn durch mich.
Ehre sei dem Vater...

Eingangsgebet einer Konfirmandin (selbst formuliert)
Lieber Vater im Himmel,
unser Lebensweg liegt vor uns.
Wir bitten Dich um viel Gesundheit und ein langes, glückliches und gesundes Leben.
Wir bitten Dich, daß die Umwelt nicht weiter zerstört wird, sondern daß jeder hilft, sie zu erhalten,
damit die Zukunft für uns und die nächsten Generationen gesichert ist.
Wir bitten Dich, daß wir einmal eine glückliche Ehe führen und gesunde Kinder bekommen werden.
Wir bitten Dich, daß Du uns vor Gefahren und vor Unglück bewahrst
und daß wir auch bei Problemen nie allein gelassen werden.
Amen.

Schriftlesung
Als Schriftlesung zu diesem Gottesdienst hören wir vier Texte aus dem Alten und dem Neuen Testament, in denen auf je verschiedene Weise das Motiv des »Weges« verwendet wird. Jede dieser Schriftlesungen beantworten wir mit dem Gesang »Geh mit uns auf unserm Weg«.

Wir hören, wie ein Mensch es wagte, unter der Verheißung Gottes neue Wege, Wege ins Ungewisse zu gehen:

1. Mose 12,1–4: Der Herr sprach zu Abraham: Geh aus deinem Vaterland und von deiner Verwandtschaft und aus deinem Vaterhaus in ein Land, das ich dir zeigen will. Und ich will dich zum großen Volk machen und will dich segnen und dir einen großen Namen machen, und du sollst ein Segen sein. In dir sollen gesegnet werden alle Geschlechter auf Erden. Da zog Abraham aus, wie der Herr zu ihm gesagt hatte.

Immer wieder hat Gott seinem Volk auf den langen Wegen seiner Wanderung Orientierungshilfen gegeben. In seinen Geboten hat er seinem Volk gesagt, wie es wandeln soll auf seinen Wegen. Mose spricht:
5. Mose 30,15 + 16: Ich stelle euch heute vor die Wahl zwischen Glück und Unglück, zwischen Leben und Tod. Wenn ihr die Gebote des Herrn, eures Gottes, befolgt, die ich euch heute verkündet habe, wenn ihr den Herrn liebt und auf seinen Wegen wandelt, seine Anordnungen, Gebote und Rechtsbestimmungen genau beachtet, werdet ihr am Leben bleiben. Der Herr, euer Gott, wird euch dann segnen in dem Land, in das ihr zieht (Übertragung aus: Gute Nachricht).

Geh mit uns auf unserm Weg

Durch Jesus Christus wurde den Menschen ein neuer Zugang zu Gott erschlossen. Er sagt zu seinen Jüngern:
Joh 14,1–6: »Euer Herz erschrecke nicht! Glaubt an Gott und glaubt an mich! Im Haus meines Vaters gibt es viele Wohnungen, und ich gehe jetzt, um dort einen Platz für euch bereitzumachen. Dann werde ich zurückkommen und euch zu mir nehmen, damit auch ihr seid, wo ich bin. Den Weg zu dem Ort, an den ich gehe, kennt ihr ja.« Thomas sagte zu ihm: »Wir wissen nicht, Herr, wo du hingehst. Wie sollen wir den Weg dorthin kennen?« Jesus antwortete: »Ich bin der Weg und die Wahrheit und das Leben; niemand kommt zum Vater denn durch mich. Wenn ihr mich kennt, werdet ihr auch meinen Vater kennen. Schon jetzt kennt ihr ihn und habt ihn gesehen« (eigene Übertragung nach Luther '84 und Gute Nachricht).

Geh mit uns auf unserm Weg

Jesus Christus hat uns nicht nur einen neuen Zugang zu Gott eröffnet, er hat uns in der Taufe auch gerufen, ihm auf seinem Weg nachzufolgen. Er sagt:
Lk 9,23–25: Wer mir folgen will, der verleugne sich selbst und nehme sein Kreuz

auf sich täglich und folge mir nach. Denn wer sein Leben erhalten will, der wird es verlieren; wer aber sein Leben verliert um meinetwillen, der wird's erhalten. Denn welchen Nutzen hätte der Mensch, wenn er die ganze Welt gewönne und verlöre sich selbst oder nähme Schaden an sich selbst?

Geh mit uns auf unserm Weg

Predigtlied
256,1 + 2 Mir nach, spricht Christus

Predigtteil »Ich bin der Weg«

Der Predigtteil beginnt mit Bildbetrachtungen der KonfirmandInnen zu einem Poster (oder Postkarte für jede/n GottesdienstbesucherIn), das im KAWOHL-Verlag erhältlich ist (Nr. 8791) und einen Waldweg zeigt mit dem Text »Jesus Christus spricht: Ich bin der Weg, die Wahrheit und das Leben. Joh. 14,6«.

Teil 1: Auf diesem Bild sieht man einen Weg, der durch den Wald führt. Die Bank dient erschöpften Menschen zum Entspannen und Ausruhen. Auf diesem Herbstbild gehört eines zum anderen, und nichts Bedrohliches ist darauf zu erkennen.
Gott bestimmt das Wachstum und Leben der Bäume. Diese spenden frische Luft. Der Weg ist breit und buckelig, aber man kann ihn bequem begehen. Vielleicht führt er an reinen Bächen vorbei, an denen man sich erfrischen kann. Der Weg ist ein Symbol für Freiheit.

Teil 2: Das Bild drückt für mich Ruhe, Frieden und Erholung aus, weil nichts Störendes und Abstoßendes auf dem Bild zu finden ist. Wenn wir Probleme haben, suchen wir manchmal in der noch schönen, gesunden und unberührten Natur Zuflucht. Denn dort finden wir Freiheit und Lebensfrische. Ebenso finden wir in diesem Herbstwald auch den Herbst des Lebens. Um zu ihm zu gelangen, müssen wir noch einen langen, langen Weg gehen. Den Weg des Lebens. Dieser Weg wird viele Probleme mit sich führen. Doch mit Gottes Hilfe werden wir es schaffen.

Teil 3: Der Lebensweg ist ein Weg voll von Hindernissen. Er bringt Ruhe, aber auch Streß, und wir können bei ihm rasten und Rat suchen. Das Leben hat eine positive und eine negative Seite. Manche Leute sehnen sich nach Ruhe nach ihrer Pensionierung, aber andere dagegen sind lebenshungrig: Sie wollen endlich ihre Träume erfüllen, für die sie früher keine Zeit hatten. Aber viele haben schon den Tod als ihr freudiges Ziel vor Augen. Einige widmen sich voll und ganz ihrer Familie als ihrer letzten Aufgabe. Viele suchen Zuflucht bei Gott im Gebet, damit er ihnen bei der Lösung ihrer Probleme hilft. Im Gottesdienst und im Gebet kommen Menschen auf ihrem Lebensweg Gott näher.

An diese Bildbeschreibung schließt sich eine Kurzansprache des Pfarrers/der Pfarrerin an:

Liebe Gemeinde!
Wege des Menschen wurden uns in diesem Gottesdienst durch biblische Texte in Erinnerung gerufen: der Weg Abrahams aus gesicherten Verhältnissen in eine ungewisse Zukunft, der Weg des alten Gottesvolkes im Gehorsam gegen die Gebote Gottes, der Weg Jesu Christi zu Gott, seinem Vater, der Weg der Christen in der Nachfolge ihres gekreuzigten Herrn.
Andere Wege wurden uns durch die Betrachtungen der KonfirmandInnen vor Augen geführt: der Weg durch einen herbstlichen Laubwald als Weg der Freiheit und der Lebensfrische, der Weg des Lebens von der Geburt bis zum Tod.
Als Sie die biblischen Wegtexte und die Weg-Betrachtungen der KonfirmandInnen hörten, da ist Ihr Blick sicherlich auf Ihren eigenen Lebensweg gefallen. Und Sie haben sich gefragt:
Wo habe ich etwas gewagt auf meinem Lebensweg – wie Abraham? Sind mir auf meinem Lebensweg Gottes Gebote Richtschnur und Hilfe? Folge ich in der Weise, wie ich meinen Lebensweg gestalte, Jesus Christus nach?
Vielleicht ist unser Blick aber auch auf den Lebensweg unserer Kinder gefallen, und wir haben uns gefragt: Wird ihr Weg wohl ein Weg der Freiheit sein oder ein Weg voller Hindernisse? Welches Ziel werden sie auf ihrem Lebensweg finden? Wie werden sie ihren Weg getrost gehen können – von der Geburt bis zum Tod?
Ich möchte eine weitere Frage hinzufügen: Wie können unsere Wege und die Wege unserer Kinder Wege sein zu Zielen, die nicht wir selbst uns setzen und wünschen, sondern auch Wege, die zu Gott führen? Wie kann der Lebensweg als Weg zu Gott gestaltet werden?
Der erste Schritt auf dem Weg zu Gott ist die Taufe. Aber mit der Taufe allein ist es nicht getan. Weitere Schritte müssen folgen. Als wir im Konfirmandenunterricht darüber sprachen, wie Menschen Wege zu Gott finden könnten, da nannten die KonfirmandInnen als erstes die Liebe und das vorbildliche Beispiel von Menschen. Durch die Liebe der Eltern erfährt ein Kind etwas von Gott, lernt es, seinen Lebensweg auf Gott hin auszurichten. Durch das Beispiel glaubender Menschen wird ein junger Mensch angeregt, seinen Lebensweg als Weg des Glaubens zu beschreiten. Das Lesen der Bibel, das Feiern des Gottesdienstes und das persönliche Gebet nannten die KonfirmandInnen als weitere Möglichkeiten, Wege zu Gott zu finden.
All diese Möglichkeiten haben eines gemeinsam: Es sind Möglichkeiten, die uns durch Jesus Christus eröffnet wurden, der von sich sagt: »Ich bin der Weg, die Wahrheit und das Leben. Niemand kommt zum Vater außer durch mich.«
Die Taufe auf den Namen Christi steht am Anfang unsres Weges zu Gott, die Liebe Christi befähigt die Eltern, ihren Kindern Liebe zu schenken, in der Nachfolge Christi können Menschen anderen beispielhaftes Vorbild des Glaubens werden, die biblische Botschaft von Jesus Christus erschließt uns, wer Gott ist, im Gottesdienst lassen wir uns in unserem Glauben an Jesus Christus stärken, und im Gebet zu Gott sprechen wir als Schwestern und Brüder Jesu »Vater unser«.
So sind alle Zugänge zu Gott durch Jesus Christus ermöglicht, der selbst der Weg ist. Und so kann der Lebensweg eines Getauften nur ein Weg in den Spuren dieses Jesus Christus sein. Ein Weg der Friedfertigkeit und der Liebe, ein Weg der Vergebung und der Versöhnung, ein Weg, auf dem das Tragen des Kreuzes

wichtiger ist als der eigene Vorteil, ein Weg, auf dem nicht das Recht des Stärkeren zählt, sondern die Kraft des Gekreuzigten.
Ich wünsche uns, daß wir diesen Weg mit unseren Kindern gehen können und daß so ihr Lebensweg ein Weg zu Gott wird. Amen.

Lied: Laßt uns gehn

2. Laßt uns gehn in unser Land, wo wir die Wahrheit sagen können!
Ist nicht weit, das schöne Land, wo wir die Wahrheit sagen können.

3. Laßt uns gehn in unser Land, wo jeder gute Freunde findet!
Ist nicht weit, das schöne Land, wo jeder gute Freunde findet.

4. Laßt uns gehn in unser Land, wo wir wie Brüder alles teilen!
Ist nicht weit, das schöne Land, wo wir wie Brüder alles teilen.

5. Laßt uns gehn in unser Land, wo wir einander gut verstehen!
Ist nicht weit, das schöne Land, wo wir einander gut verstehen.

6. Laßt uns gehn in unser Land, wo Große nicht die Kleinen schrecken!
Ist nicht weit, das schöne Land, wo Große nicht die Kleinen schrecken.

7. Laßt uns gehn in unser Land, wo wir in Freiheit leben können!
Ist nicht weit, das schöne Land, wo wir in Freiheit leben können.

Strophen ohne Pausen weitersingen

Fürbittgebet

Vaterunser

Schlußlied
»Ich möcht, daß einer mit mir geht« (siehe Angaben bei Gottesdienst I/3)

Abkündigungen

Segen

VII. Konfirmationspredigten

Den Abschluß bilden einige ausgewählte Konfirmationspredigten, die ich in den Jahren 1979–1989 gehalten habe. In diesen Predigten habe ich mich zum einen bemüht, wesentliche Beobachtungen, Entwicklungen und Erfahrungen der Konfirmandenzeit noch einmal aufzugreifen und zu klären, zum anderen habe ich versucht, das Ereignis der Konfirmation den KonfirmandInnen in seiner Bedeutung verständlich zu machen. Dabei war mir eine große Hilfe, daß sich in unserer Gemeinde die Gewohnheit herausbildete, die KonfirmandInnen bei der Ausgestaltung des Kirchenraumes am Tag der Konfirmation mitwirken zu lassen: Auf der Konfirmandenfreizeit, kurz vor der Konfirmation, entstand in einer großen Gemeinschaftsarbeit ein ca. 2,5 × 3,5 m großes Bild, das den Altarraum der Kirche fast ausfüllte (siehe Titelbild dieses Buches). Dieses Altarbild war stets ein gutes Hilfsmittel für die Predigt zur Konfirmation: Anknüpfungspunkt oder Ausgangspunkt ebenso wie Ausdruck des im Konfirmandenunterricht im Glauben Erfahrenen, das vor dem Hintergrund der biblischen Botschaft dann vertieft werden konnte.

Wir sind Gottes Verbündete (1. Mose 9,12f)

Liebe Konfirmandinnen und Konfirmanden!
Jeder, der heute morgen, an Eurem Konfirmationstag, unsere Kirche betreten hat, hat sicher sofort seinen Blick auf den Altarraum gerichtet, der durch das von Euch gemalte Altarbild ausgefüllt ist. Jeder hat sofort den prächtigen Regenbogen gesehen, der sich über das ganze Altarbild erstreckt. Und mancher hat sich vielleicht erinnert an die uralte Geschichte von der Sintflut, an die Geschichte von der Arche, an die Geschichte vom gerechten Noah, mit dem Gott einen Bund geschlossen hat. In dieser Geschichte vom Bundesschluß mit Noah verspricht Gott seiner Schöpfung Schutz und Bewahrung, und er fordert vom Menschen, das Leben auf der Erde zu bewahren. Gott sagt: »Das ist das Zeichen des Bundes, den ich geschlossen habe zwischen mir und euch und allem Getier bei euch auf ewig: Meinen Bogen habe ich in die Wolken gesetzt, der soll das Zeichen des Bundes sein zwischen mir und der Erde.«
Hinter Eurem Altarbild ist – etwas verdeckt – das Kreuz mit der Dornenkrone zu sehen: Hinweis auf den neuen Bund, den Gott in Jesus Christus mit den Menschen geschlossen hat. Zeichen dieses neuen Bundes sind das Wasser der Taufe und das Brot sowie der Kelch des Abendmahls, die Ihr in der Mitte unter den Regenbogen gemalt habt. Und mancher erinnert sich vielleicht an die Geschichte jener Nacht, in der Jesus zum letzten Mal mit seinen Jüngern aß und trank, in der er den Kelch nahm, ihn seinen Jüngern gab und sprach: »Dieser Kelch ist der neue Bund in meinem Blut, das für Euch vergossen wird.« So werden wir durch Euer

Altarbild daran erinnert, daß Gott sich in Jesus Christus neu zum Verbündeten der Menschen gemacht und uns durch die Taufe in seinen Bund aufgenommen hat. So will das Altarbild, das Ihr zum Fest Eurer Konfirmation gemalt habt, uns erinnern an Gottes Bund mit der Schöpfung, an Gottes Bund mit den Menschen. Und damit habt Ihr etwas Wichtiges und Richtiges über die Konfirmation ausgesagt: Konfirmation ist ein Bundesfest, ein Bundeserinnerungs- und -erneuerungsfest. Mit Eurer Konfirmation erinnern wir uns an Gottes alten Bund mit seiner Schöpfung und an seinen neuen Bund mit der Menschheit. Mit Eurem Ja zur Taufe wollt Ihr Eurerseits diesen Bund bekräftigen und erneuern. Konfirmation ist Bundeserinnerung und Bundeserneuerung. Und im Abendmahl, das wir nachher miteinander feiern, können wir alle neu schmecken, daß wir mit Gott verbündet sind, wie Ihr es mit Eurem Altarbild zum Audruck gebracht habt.
Ihr alle wißt, wie gut das tut, wenn man in schwierigen Situationen einen Verbündeten hat, auf den man sich verlassen kann. Ist es nicht ein furchtbares Gefühl, wenn man ganz auf sich allein gestellt ist? Ihr, liebe Konfirmandinnen und Konfirmanden, seid nicht auf Euch allein gestellt. Gott ist Euer Verbündeter. Und mehr noch: Indem Gott Euch in den Bund mit seiner Schöpfung aufgenommen hat, seid Ihr mit allem Leben auf der Erde verbunden, seid Ihr Verbündete alles dessen, was auf Erden lebt, tragt Ihr für dieses Leben auch Verantwortung. Indem Gott Euch in seinen neuen Bund aufgenommen hat, seid Ihr Schwestern und Brüder in einer großen Familie: von Noah und Abraham über Mose und David, von Jesus Christus bis hin zu den Christen unserer Tage an vielen Orten der Erde reicht die aus dem alttestamentlichen Bundesvolk hervorgegangene Bundesfamilie Gottes, zu der Ihr gehört. Durch die Taufe habt Ihr Schwestern und Brüder in unserer Gemeinde und in der weiten Ökumene erhalten. Die Freundschaften innerhalb der Konfirmandengruppe und die ökumenischen Erfahrungen der Konfirmandenzeit haben Euch dies vielleicht etwas verdeutlicht. Als Gottes Verbündete steht Ihr also nicht allein – Ihr seid vielmehr verbunden mit Gottes großer Schöpfung und mit zahllosen Geschwistern hier in unserer Gemeinde und in der weltweiten Familie der Christen.
Vielleicht werdet Ihr Euch fragen: Kommt es eigentlich in dieser großen Bundesfamilie Gottes auf mich wirklich an? Und diese Frage mag auf den ersten Blick berechtigt sein, wenn Ihr an die vielen tausend Jungen und Mädchen denkt, die heute allein in Deutschland konfirmiert werden. Kommt es da wirklich auf jeden einzelnen an?
Zwei Antworten auf diese Frage will ich Euch geben: Zuerst, vergeßt nicht, daß Gott jeden einzelnen von Euch bei der Taufe bei seinem Namen gerufen hat, zu jedem persönlich hat er gesagt: »Mit Dir möchte ich verbündet sein. Du bist mir wichtig, wie Du auch heißt: Jürgen oder Roland, Tanja oder Sabine, Nicole oder Karin, Tamy oder Eva, Oliver oder Marc, Manuel oder Tony. Du bist mir wichtig. Mit Dir will ich verbündet sein. Und Du kannst Dich darauf verlassen, daß von meiner Seite der Bund mit Dir fest bestehenbleibt.« Weil Gott in der Taufe so zu Euch gesprochen hat, könnt Ihr Euch darauf verlassen, daß jeder von Euch Gott etwas bedeutet – als wichtiges Mitglied seiner Bundesfamilie.
Die zweite Antwort will ich Euch mit Hilfe einer kleinen Geschichte geben: »Sag mir, was wiegt eine Schneeflocke?« fragte die Tannenmeise die Wildtaube.
»Nichts mehr als ein Nichts«, gab sie zur Antwort.

»Dann muß ich dir eine wunderbare Geschichte erzählen«, sagte die Meise. »Ich saß auf dem Ast einer Fichte, dicht am Stamm, als es zu schneien anfing – nicht eben heftig, nein: lautlos und ohne Schwere. Da ich nichts Besseres zu tun hatte, zählte ich die Schneeflocken, die auf die Zweige und auf die Nadeln des Asts fielen und darauf hängenblieben. Genau 3741952 waren es. Als die 3741953. Flocke niederfiel – nichts mehr als ein Nichts –, brach der Ast ab.«
Damit flog die Meise davon.
Die Taube, seit Noahs Zeiten eine Spezialistin in dieser Frage, sagte zu sich nach kurzem Nachdenken: »Vielleicht fehlt nur die Stimme eines einzelnen Menschen zum Frieden in der Welt!«
Liebe Konfirmandinnen und Konfirmanden, vielleicht ist es gerade Euer winziger Beitrag für die Erhaltung der Schöpfung, der Gott wichtig ist. Vielleicht ist es gerade Eure Stimme, die in der Gemeinde gehört werden soll. Ihr seid keine Nummer in Gottes großer Bundesfamilie. Auf jeden von Euch kommt es an, wenn es für Gottes Schöpfung und für seine Gemeinde eine Zukunft geben soll. Jeden und jede von Euch mit seinen winzigen Fähigkeiten und Möglichkeiten will Gott als seinen Verbündeten haben – als Verbündeten für seine Schöpfung, als Verbündeten für seine Gemeinde. Amen.

Andere Lieder wollen wir singen (Mt 21,14ff)

Liebe Konfirmandinnen und Konfirmanden!
Wenn ich Euch hier so sitzen sehe in Eurer schönen, festlichen Kleidung und wenn ich zurückdenke an das, was wir im vergangenen halben Jahr miteinander erlebt haben, dann muß ich ehrlich gestehen: Der Eindruck, den Ihr bei mir hinterlaßt, ist ein zwiespältiger. Da denke ich an temperamentvolle Jungen und Mädchen, die in ihrem Eifer und Übermut kaum zu bremsen waren, die vor Verkehrsschildern und Lampen nicht halt machten, bei denen ich mich manchmal eher als Dompteur denn als Pfarrer fühlte. Da denke ich aber auch an ernsthafte Gespräche und Anfragen, an Eure Bereitschaft, Fehler einzugestehen und wiedergutzumachen, an ehrliche Meinungen und Äußerungen. Ja, Ihr alle seid keine Engel, eher schon rechte Bengel, überschäumend von augenblicklicher Begeisterung und Freude. Und nicht immer ist das, wofür Ihr Euch begeistert, wirklich der Begeisterung wert: Ihr jubelt über die neuesten Hits der Gruppe KISS, Ihr schwört Schalke 04 ewige Treue, Ihr fallt in heiße Wunschträume, wenn Ihr Motorräder seht. Auch seid Ihr anfällig für billige politische Parolen oder starke Worte. Aber eben doch auch das habe ich mit Euch erlebt: Ihr habt Euch noch zu einem guten Teil ein Gespür bewahrt für Ehrlichkeit und Gerechtigkeit; Menschlichkeit achtet Ihr oft höher als die Befolgung von Regeln und Gesetzen. So habe ich Euch kennengelernt.
Nicht besser und nicht schlechter dürften die Jungen und Mädchen gewesen sein, die vor 2000 Jahren in den Straßen und im Tempelbezirk von Jerusalem herumstreunten und von denen uns im Predigttext für diesen Sonntag berichtet wird: Blinde und Gelähmte kamen zu Jesus in den Tempel, und er machte sie gesund. Da wurden die Hohenpriester und Gesetzeslehrer wütend, als sie sahen, was er

für Wunderdinge tat, und als sie hörten, wie die Kinder im Tempel riefen: »Hosianna, Heil dem versprochenen Davidssohn!« Sie fragten Jesus: »Hörst du, was sie rufen?« Jesus antwortete: »Ja, habt ihr nie in der Schrift gelesen: Aus dem Munde der Unmündigen und Säuglinge hast du dir Lob bereitet.« Und er ließ sie stehen und verließ die Stadt.
Was geschieht hier? Etwas, was auch in Eurer Konfirmandengruppe geschehen sein könnte. Einige Jungen und Mädchen setzen sich über die Ordnungen hinweg. Mitten im heiligen Tempelbezirk stimmen sie ein lautes Geschrei an, ein Geschrei zum Lobe Jesu. Damit verstoßen sie gegen religiöse Regeln ihrer Zeit: An diesem heiligen Ort hatten Kinder nichts zu sagen. Aber diese Jungen und Mädchen sind so begeistert von dem, was Jesus tat, daß sie einfach anfangen, Lob und Preis hinauszuschreien. Spontan und begeistert, übermütig, erfüllt von augenblicklicher Freude, mitgerissen vom Tun Jesu singen sie ein Lied, ein Lied zum Lobe Jesu.
Warum lassen sie sich eigentlich mitreißen, in Begeisterung versetzen? Warum werden sie so übermütig? Diese Jungen und Mädchen spüren: Was Jesus hier tut, das ist recht, obwohl es gegen das Recht verstößt. Blinde und Lahme durften eigentlich den Tempel nicht betreten, aber Jesus setzt sich über alle religiösen Regeln hinweg und heilt diese Blinden und Lahmen im Tempel. Jesus verstößt gegen das Gesetz, um Menschen zu helfen.
Während die Hohenpriester nur Recht und Ordnung im Auge haben und deshalb zornig sind gegen Jesus, schauen die Jungen und Mädchen nicht auf die Gesetzlosigkeit Jesu. Sie schauen tiefer: Sie schauen auf sein menschliches Tun und erkennen in ihm den verheißenen Retter der Menschheit. Ja, diese Jungen und Mädchen sind offen für Gerechtigkeit und Menschlichkeit. Sie lassen sich den Blick auf den Menschen nicht verstellen durch Recht und Ordnung. Begeisterungsfähige, übermütige Jungen und Mädchen mit einem offenen Blick für das, was dem Menschen nützt!
Ja, liebe Konfirmandinnen und Konfirmanden! Wer sich den Blick bewahrt für menschliches Handeln, für rettendes Handeln, wer sich begeistern und anstecken läßt von solchem Tun, der muß seine Begeisterung hinausschreien, der muß auch Loblieder singen. Loblieder für den, der sich hinwegsetzt über Regeln und Gesetze um des Menschen willen. Loblieder für Jesus. Ich denke, auch Ihr wollt solche begeisterten Loblieder für Jesus anstimmen. Ihr wollt dies – so jedenfalls verstehe ich Eure Konfirmation. Sicher, es sind keine frommen Lieder, keine schönen Gesänge. Auch wird man diese Lieder kaum jemals in der Kirche hören, denn die meisten von Euch werde ich wohl heute für lange Zeit zum letzten Mal in der Kirche gesehen haben. Nein, es sind übermütige, unkonventionelle Lieder, gesungen etwa im Jugendkeller, gesungen außerhalb der Kirchenmauern, gesungen von jungen Menschen, die sich haben anstecken lassen von jenem Jesus, dem der Mensch und die Menschlichkeit wichtiger waren als religiöse Ordnungen.
Liebe Konfirmandinnen und Konfirmanden! Mit zwei Bitten will ich meine Konfirmationspredigt schließen: Zum einen bleibt offen für menschliches Tun, bleibt offen und laßt Euch anstecken. Laßt Euch anstecken und begeistern von dem, der ganz für die Menschen eintrat und für die Menschen lebte, von Jesus. Bleibt offen. Bleibt offen für sein Lob, auch wenn dies Lob mit schrägen und lauten Tönen erklingt.

Zum anderen verwechselt das Loblied für Jesus nicht mit jenem oberflächlichen Beifall, den Idole verschiedenster Schattierungen von Euch fordern. Mögen Sie nun KISS, Schalke 04, Motorrad oder sonstwie heißen. Das Lob für diese Idole verklingt ungehört im Dunkel der Geschichte. Das Loblied für Jesus, das Lied vom Sieg der Menschlichkeit, das Lied vom Retter, dies Lied geht um die Welt. Auch Ihr könnt es weitertragen durch Euer Singen und Reden und Tun. Amen.

So ist es unter euch nicht! (Mk 10,35ff)

Liebe Konfirmandinnen und Konfirmanden!
Heute ist ein großer Tag für Euch. Große Tage sind oft Anlaß, den eigenen Gedanken nachzuhängen, den Erinnerungen an die Vergangenheit, den Erwartungen an die Zukunft. Bei diesem Nachdenken werdet Ihr heute eines deutlich spüren, nämlich daß dieser Tag der Konfirmation für Euch eigentlich ein merkwürdig doppeltes Gesicht hat:
Einerseits gehört Ihr nun voll und ganz dazu – zur Gemeinde der erwachsenen Christen. Andererseits aber bleibt Ihr doch noch für einige Jahre Jugendliche, Heranwachsende, die noch nicht die vollen Rechte und Pflichten eines Erwachsenen haben.
Der Tag der Konfirmation ist so gesehen – bei all seiner Bedeutung – für Euch eigentlich nur ein Punkt auf der langen Strecke des Erwachsenwerdens. Allmählich heißt es Abschied nehmen von den alten Kindheitswünschen. Allmählich heißt es sich vorbereiten auf die Anforderungen eines Lebens in voller Verantwortung.
Ich möchte mich einmal in Eure Lage versetzen und fragen: Wovon träumt ein Mädchen von 13, 14 oder 15 Jahren am Tag seiner Konfirmation? Wovor hat es Angst? Wovon träumt ein Junge auf seinem Weg des Erwachsenwerdens? Wovor hat er Angst?
Jemand hat es einmal so ausgedrückt: »Ich träume den Traum meines Lebens: Ich habe viel Geld – doch wie nütze ich es? Ich habe Glück in der Liebe – doch wenn Leid kommt? Ich habe einen guten Beruf – doch macht er mir Freude? Ich bin der Beste im Sportclub – doch wenn ich alt werde? Ich habe immer Erfolg – doch kann ich das durchhalten?«
So etwa träumt Ihr. Wie wir Erwachsene, träumt Ihr vom Ansehen, vom Glück, vom Geld, vom Erfolg. Ihr träumt den Traum, irgendwann und irgendwo, in irgendeiner Beziehung groß zu sein – wie die beiden Jünger Jakobus und Johannes, die davon träumten, im himmlischen Reich neben Christus die obersten Plätze einzunehmen. Zugleich habt Ihr Angst. Wie wir Erwachsene habt Ihr Angst, daß Ihr dies alles einmal nicht findet: Ansehen, Glück, Geld, Erfolg. Ihr habt Angst wie die beiden Jünger Jakobus und Johannes, die um ihren Ehrenplatz im Himmel fürchteten.
Ich kann Euch gut verstehen – mit Euren Träumen und mit Euren Ängsten. Ihr tut ja nichts anderes als das, was wir Erwachsenen auch tun und was schon Jakobus und Johannes, die Jünger Jesu, taten: Ihr seid gepackt vom Wunsch, vom Ehrgeiz, Großes zu erreichen. Ihr seid auf der Jagd nach dem Erfolg.

Doch überall, wo Menschen dem Erfolg nachjagen, da bleiben welche auf der Strecke. Überall, wo Menschen ausschließlich nach dem bewertet werden, was sie leisten, da gibt es welche, die sich zurückgesetzt fühlen: die Versager, die Glücklosen, die Unsympathischen, die Behinderten. Eigener Erfolg läßt Menschen hochmütig werden. Erfolg anderer läßt Menschen vor Angst und Neid erstarren. So ist der Traum vom Erfolg zwar verständlich und menschlich, aber er ist zugleich gefährlich, denn er belastet das Zusammenleben unter Menschen und zerstört menschliche Gemeinschaft.

Gewiß: Dieses Streben nach Erfolg, dieser Traum, etwas Besonderes zu erreichen, er macht auch vor den Türen der Kirche nicht halt. Auch in der Kirche gab und gibt es das in Hülle und Fülle: Menschen, die ihren eigenen Erfolg suchen. Menschen, die an der Spitze stehen wollen. Aber erinnern wir uns an die Worte Jesu: »So soll es bei euch nicht sein. Wer von euch etwas Besonderes sein will, der soll der Diener der anderen sein. Und wer von euch an der Spitze stehen will, der muß sich allen unterordnen.«

Das ist die Antwort Jesu auf unsere Träume vom Erfolg. Das ist das Grundgesetz christlicher Gemeinschaft: Nicht herrschen, sondern dienen! Ihr werdet heute in eine Gemeinschaft aufgenommen, für die dieses Grundgesetz gültig ist. Ihr werdet aufgenommen in eine Gemeinschaft, in der nicht der Vorteil des einen der Nachteil des anderen sein soll. Ihr werdet aufgenommen in eine Gemeinschaft, in der die »Diakonie« – so heißt »Dienst« ja auf Griechisch – nicht nur eine Sache für Spezialisten sein soll, nicht nur eine Sache für Krankenschwestern und Kindergärtnerinnen, sondern eine Sache für alle: Kirche soll eine Dienstgemeinschaft sein, in der wir alle – KonfirmandInnen, Eltern, Kirchenälteste, Posaunenchor, Kirchenchor, Altenkreis, Frauenkreis, Pfarrer und Kirchendiener –, wir alle einander dienen, damit gemeinsames Leben glückt.

Ihr werdet jetzt vielleicht denken: In was für eine Gemeinschaft sind wir da nur reingeraten! Sollen wir uns also ständig anderen unterordnen und sie bedienen? Sollen wir also ständig mit einem sauertöpfischen, diensteifrigen Gesicht herumlaufen?

Gewiß nicht! Sich einander dienen, das heißt nicht: Sklave sein. Aber es heißt: Sich in seinem Tun und Denken ausrichten an dem gemeinsamen Ziel eines Zusammenlebens ohne Unterdrückung, eines Zusammenlebens in Freiheit.

Sich einander frei und freiwillig dienen, das lohnt sich! Ihr kennt dies doch ganz genau, wieviel Freude es macht, wenn Ihr jemandem einen Gefallen tut und der sich für diesen Gefallen bedankt. Wo man freiwillig einander dient, da erntet man Dankbarkeit und Freude. Wo sich der Herr Sohn oder das Fräulein Tochter nicht nur von seiner Mutter bedienen läßt, sondern sich auch selbst nicht zu schade ist zum Dienen, da verliert das Zusammenleben zwischen Sohn bzw. Tochter und Mutter sein einseitiges Gefälle. Es wird zu einem gegenseitigen Geben und Nehmen, das beide Seiten befriedigt.

Wo man freiwillig einander dient, da ist auch der Zwang zum Erfolg durchbrochen, damit auch die Angst vor dem Versagen. Wo man zum freiwilligen Dienen bereit ist, muß man nicht immer um seine Position kämpfen.

Wer zum freiwilligen Dienen fähig ist, der braucht nicht immer krampfhaft etwas Besonderes darzustellen.

Wer zum freiwilligen Dienen willig ist, der braucht nicht ständig in der Angst zu leben, zu kurz zu kommen.
Merkt Ihr nun: Es lohnt sich, in dieser Dienstgemeinschaft der Kirche zu sein, an dieser Dienstgemeinschaft aktiv Anteil zu nehmen.
Vielleicht wird der eine oder die andere von Euch sagen: »Schön und gut! Ich bin bereit zum Dienen, aber was richte ich damit schon aus? Werde ich dadurch nicht noch mehr zurückgesetzt, ausgelacht, verspottet?«
Ich nehme diesen Einwand nicht leicht, denn zu sehr bestimmt doch tatsächlich das Gesetz der Stärke und des Erfolges unser Zusammenleben in Staat und Gesellschaft. Aber zweierlei will ich zum Abschluß auf diesen Einwand antworten:
1. Als Christen erinnern wir uns, daß Jesus Christus, der Menschensohn, nicht gekommen ist, um bedient zu werden, sondern um zu dienen und sein Leben für die Menschen zu geben. Er hat uns vorgelebt, was es heißt, anderen zu dienen. Und sein Einsatz im Dienst für andere war nicht umsonst. Sein Einsatz hat sich so sehr gelohnt, daß das Kreuz, an dem er starb in dienender Hingabe, daß dieses Kreuz für unzählige Menschen zum Zeichen des Trostes wurde. Christus war sich nicht zu schade zum Dienen, sollten wir Christen uns zu schade sein?
2. Ich gebe gerne zu, daß der Mut zum Dienen einen schon verlassen kann, wenn man die unlösbaren Aufgaben sieht, die sich vor den Dienenden auftürmen. Mancher mag sich fragen: »Ist nicht jeder Dienst am anderen, den ich tue, nur ein Tropfen auf den berühmten heißen Stein? Ein Tropfen, der verdampft, der aber den heißen Stein nicht abkühlen läßt?«
In der Tat: Jeder Dienst ist nur ein Tropfen auf den heißen Stein. Aber jeder Dienst ist zumindest ein Tropfen. Und aus diesem Tropfen kann auch einmal ein kräftiger Regen werden. Wie heißt es doch in einem neuen Kirchenlied:

Einer, der sein Kleid abgibt einem armen Kind,
der ist wie ein Tropfen auf den heißen Stein,
er kann der Anfang eines Regens sein,
er kann der Anfang neuen Lebens sein.

Einer, der die Tür aufschließt dem, der draußen friert,
der ist wie ein Tropfen auf den heißen Stein,
er kann der Anfang eines Regens sein,
er kann der Anfang neuen Lebens sein.

Einer, der das Brot austeilt dem, der Hunger hat,
der ist wie ein Tropfen auf den heißen Stein,
er kann der Anfang eines Regens sein,
er kann der Anfang neuen Lebens sein.

Liebe Konfirmandinnen und Konfirmanden! Ich wünsche Euch, daß Ihr durch Euer Dienen in der Dienstgemeinschaft der Kirche solche Tropfen auf den heißen Stein werdet, Tropfen, die Anfang eines neuen Lebens sind, eines Lebens, das sich lohnt, weil man sich in Freiheit einander dient. Amen.

Wir knüpfen aneinander an (Röm 12,4ff)

Liebe Konfirmandinnen und Konfirmanden!
Heute morgen will ich mit Euch zunächst zurückblicken auf unsere Konfirmandenzeit. Ich will mit Euch überlegen, was uns von dieser Zeit am nachhaltigsten in Erinnerung ist. Da denken wir vor allem wohl an die zahlreichen Verbindungen, die während der vergangenen sieben Monate gewachsen sind: Ihr habt neue Freunde gefunden. Wir haben einander näher kennengelernt. Ihr habt Verbindung bekommen zu dieser Gemeinde, in der Ihr lebt. Und schließlich habt Ihr bei dem allen erfahren, wie Eure Verbindung zu Gott, zu Jesus Christus sich etwas geklärt, vielleicht auch gefestigt hat.
Um diese vielfältigen Verbindungen untereinander und mit Christus anschaulich zu machen, verwendet der Apostel Paulus gerne das Bild des Leibes, so etwa, wenn er im 12. Kapitel des Römerbriefes schreibt: »Wie wir an einem Leib viele Glieder haben, aber nicht alle Glieder dieselbe Aufgabe haben, so sind wir viele ein Leib in Christus, aber untereinander ist einer des andern Glied, und haben verschiedene Gaben nach der Gnade, die uns gegeben ist.« Gleichbedeutend mit diesem Bild des Leibes ist ein anderes Bild, das die Bibel zwar nicht kennt, das Euch aber in der Konfirmandenzeit sehr beschäftigt hat: das Bild des Netzes. Gern denke ich zurück an den Samstag im Oktober, als wir im Garten des Gemeindeparks dieses große Netz mit viel Mühe selbst geknüpft haben. Und wir alle sehen heute an Eurem Altarbild, wie viel Euch dieses Symbol des Netzes bedeutet. Die Gemeinde – ein Netz: Damit wollt Ihr dasselbe aussagen, was Paulus mit dem Bild des Leibes beschrieben hat, nämlich, daß jeder Mensch in dieser Gemeinde wichtig ist, um den Zusammenhalt zu festigen. Nur wenn Menschen die Verbindung zueinander nicht abreißen lassen, können die Maschen des Netzes tragen, können die Fäden des Netzes halten. Jeder wird gebraucht in der Gemeinde, denn ohne Menschen, die sich bei der Hand fassen, die sich einander ergänzen mit ihren Gaben und Fähigkeiten, ohne solche Menschen gäbe es Gemeinde nicht. Andererseits aber gilt: Ohne Jesus Christus, ohne sein Kreuz, ohne die Taufe auf seinen Namen hätten die Menschen nichts, woran sie anknüpfen könnten. Deshalb habt Ihr das Kreuz und das Taufbecken in die Mitte des Altarbildes gemalt.
Und damit ist nun etwas Wichtiges angesprochen: Ihr alle seht hier im Altarraum die Unzahl miteinander verknüpfter Fäden. Jeder Faden ist wichtig, damit dieses Netz trägt. Konfirmation heißt, daß Ihr Euch jetzt an irgendeinen Faden anknüpft. Jeder wird da andere Anknüpfungspunkte haben. Der eine einen Freund oder eine Freundin, mit der zusammen er Gemeinde erleben möchte. Der andere möchte gern weiter die Konfirmandengottesdienste unserer Gemeinde besuchen. Eine dritte möchte Erfahrungen der Konfirmandenzeit fruchtbar machen in der Mitarbeit in der Konfirmiertengruppe. Wieder eine andere hat etwas entdeckt, wo sie ihre Fähigkeiten phantasievoll einsetzen kann, etwa im Bereich der Diakonie oder im Bereich der Ökumene, in der Hilfe für Schwache oder im Einsatz für Gerechtigkeit, Frieden und Bewahrung der Schöpfung.
Aber Konfirmation heißt auch: Anknüpfung an die Taufe. Konfirmation heißt, darin bestärkt zu werden, daß Gott in der Taufe bereits einen Faden ins Netz

geknüpft hat, an den Ihr anknüpfen könnt. Ihr, liebe Konfirmandinnen und Konfirmanden, müßt das Netz der Gemeinde nicht erst selbst herstellen. Ihr dürft anknüpfen, anknüpfen an den Faden, den Gott Euch in der Taufe zugeworfen hat. Dies zu wissen, ist gut, denn vor Euch liegt ein Leben, dessen Wege sicher nicht immer geradeaus führen werden. Ihr wißt, daß Ihr auf Euren Lebenswegen leicht ausrutschen oder abirren könnt. Mancher von Euch hat da schon Schweres durchgemacht: Da sind welche, die mit der Gesundheit Probleme haben. Andere müssen Schwierigkeiten in der Schule meistern. Da haben manche erlebt, wie ihre Familie auseinanderbrach oder daß Familienmitglieder durch den Tod herausgerissen wurden; ganz zu schweigen von den Problemen, die bei manchen von Euch zwischen Eltern und Kindern bestehen. Dazu kommen noch die großen Gefahren unserer Zeit, die Eure Zukunft verdunkeln, wie die Krise der Umwelt und die Bedrohung des Friedens. Wenn wir an dies alles denken, dann ist es gut zu wissen: Da gibt es einen Faden, den Gott mir zugeworfen hat. An dem kann ich mich festhalten. An den kann ich anknüpfen. Und solltet Ihr Euch einmal auf Euren Lebenswegen verstricken in Netzen, aus denen es keinen Ausweg zu geben scheint, dann erinnert Euch an diesen Faden, den Gott Euch zugeworfen hat. An diesen Faden, mit dem Ihr anknüpfen könnt an das Netz der Gemeinde Jesu Christi.

Vielleicht habt Ihr in Eurer Konfirmandenzeit etwas davon erlebt, wie tragfähig dieses Netz ist. Vielleicht habt Ihr erlebt, daß es ein Netz ist, das geknüpft wird mit Liebe. Geknüpft mit den Fäden der Liebe Jesu Christi. Solch ein Netz gibt es für Euer Leben. Und jeder von Euch hat einen Faden, den er in der Hand hält – gewebt aus der Liebe Gottes.

Vergeßt diesen Faden nicht! Vergeßt nicht: Ihr seid von Gott geliebt. Und Gott braucht Euch im Netz seiner Gemeinde, um seine Liebe an andere weiterzugeben. Amen.

Also sind wir viele ein Leib (1. Kor 10,16f)

Liebe Konfirmandinnen und Konfirmanden!

Wenn ich zurückdenke an unsere Konfirmandenzeit, die mit dem heutigen Tag zu Ende geht, dann fällt mir auf, daß während dieser Zeit kein Wort so häufig gebraucht wurde wie das Wort »Gemeinschaft«. Aber wenn ich so beobachten konnte, wie sich immer wieder in unserer Konfirmandengruppe kleine Cliquen bildeten, wie einzelne bis zuletzt keinen rechten Anschluß gefunden und andere ständig nur sich selbst produziert haben, dann werde ich doch nachdenklich. Meint Ihr eigentlich, wenn Ihr von Gemeinschaft redet, lediglich Eure Freunde, diejenigen, die Euch sympathisch sind? Meint Ihr mit Gemeinschaft vielleicht nur das Gruppenvergnügen – oft genug auf Kosten anderer? Wenn Ihr eigentlich eher dieses meint, solltet Ihr lieber nicht das Wort Gemeinschaft gebrauchen. Ein Zusammenschluß von Menschen, die sich selbst genug sind, ein Zusammensein von Menschen, die sich nur mit sich selbst beschäftigen, ist noch keine Gemeinschaft im vollen Sinn.

Es gibt da eine uralte Sage von einem bildschönen jungen Mann mit dem Namen Narziß. Narziß sah eines Tages sein Spiegelbild im Wasser und fand es so schön, daß er sich darin verliebte. Von nun an kümmerte sich Narziß um keinen anderen Menschen mehr, er war nur noch verliebt in sich selbst. Eines Tages wollte er sein Spiegelbild umarmen. Dabei fiel er ins Wasser und ertrank.
Narziß war unfähig, in Gemeinschaft mit anderen Menschen zu leben, weil er nur mit sich selbst beschäftigt war. Ja, so ist es: Wer nur mit seinen Fragen und Bedürfnissen, nur mit seinen Ansprüchen und Anliegen, nur mit seinen Freunden und Gesinnungsgenossen beschäftigt ist, der ist nicht fähig zu echter Gemeinschaft. Gemeinschaft ist mehr als nur Freunde haben, ist mehr als nur Zusammensein mit guten Bekannten. Wenn ich zurückdenke, wo und wann wir während unserer Konfirmandenzeit wirklich echte, volle Gemeinschaft miteinander erlebt haben, dann fallen mir unsere Abendmahlsfeiern ein. Und das ist kein Zufall. Denn was Gemeinschaft wirklich ist, wird am deutlichsten im Abendmahl. Paulus sagt einmal im 1. Korintherbrief: »Der gesegnete Kelch, den wir segnen, ist der nicht die Gemeinschaft des Blutes Christi? Das Brot, das wir brechen, ist das nicht die Gemeinschaft des Leibes Christi? Denn ein Brot ist es. Also sind wir viele ein Leib, weil wir alle an einem Brot Anteil haben.«
In diesen wenigen Worten macht Paulus drei entscheidende Aussagen über die Gemeinschaft:

1. In einer echten Gemeinschaft habe ich Anteil an einem Geschehen, auf das sich die Gemeinschaft gründet. Im Abendmahl habe ich Anteil am aufopfernden Leiden und Sterben Jesu Christi.
2. In einer echten Gemeinschaft bin ich eingeladen, teilzunehmen an einem gemeinsamen Tun. Im Abendmahl bin ich eingeladen, mit anderen das Brot zu brechen und den Kelch zu teilen.
3. In einer echten Gemeinschaft trage ich meinen Teil bei zum Gelingen des Ganzen. Im Abendmahl bringe ich mich selbst als Glied der Gemeinschaft ein mit meinen Fähigkeiten und Möglichkeiten.

Ohne Teilhabe, Teilnahme und Teilgabe ist eine echte Gemeinschaft nicht möglich! Dies will ich verdeutlichen anhand eines alten Märchens. Da wurde ein weiser Mann gefragt, was denn der Unterschied sei zwischen tödlicher Einsamkeit und himmlischer Gemeinschaft. Und er antwortete: »In zwei Räumen sitzen sich Menschen an langen Tischen gegenüber. Auf den Tischen stehen die herrlichsten Speisen. Jeder Mensch hat an seiner Hand einen langen Löffel angebunden. Der Löffel ist so lang, daß er in jede Schüssel reicht, aber er ist zu lang, um damit selbst zu essen. In dem einen Raum denkt jeder Mensch nur an sich selbst, versucht sich zu füttern, aber muß verhungern angesichts aller Köstlichkeiten. Das ist die Hölle der Einsamkeit. In dem anderen Raum benutzt jeder seinen Löffel, um dem Menschen, der ihm gegenüber sitzt, damit zu essen zu geben. Das ist der Himmel der Gemeinschaft.«
Dieses Märchen veranschaulicht, worum es im Abendmahl, in einer echten Gemeinschaft geht. Eine Gemeinschaft lebt davon, daß genügend da ist für alle zum Leben, daß genügend da ist, woran jeder teilhaben kann.
Eine Gemeinschaft lebt davon, daß jeder bereit ist, sich helfen zu lassen, teilzunehmen an der Stärke der anderen. Eine Gemeinschaft lebt davon, daß jeder seine Hand für den anderen rührt, einen Teil beiträgt zum Wohle des anderen.

Das ist echte Gemeinschaft, Gemeinschaft des Abendmahls. Eine Gemeinschaft, in der wir alle teilhaben am Tod und Leben Jesu Christi. Eine Gemeinschaft, in der wir unsere Hand öffnen, um teilzunehmen am Brechen des Brotes und Teilen des Kelches. Eine Gemeinschaft, in der wir dann vom Tisch des Herrn weggehen, um unsere Hand zu öffnen für andere und ihnen Anteil zu geben an dem, was wir empfangen haben.

Liebe Konfirmandinnen und Konfirmanden!
In eine solche Gemeinschaft werdet Ihr mit Eurer Konfirmation hineingestellt. In die Gemeinschaft Jesu Christi, die eine weltweite Gemeinschaft ist, die sich nicht beschränkt auf Eure Freunde und auf die, die Ihr gern habt. Zu dieser Gemeinschaft gehören Eure Eltern, mit denen Ihr ja so manche Schwierigkeiten habt; zu dieser Gemeinschaft gehört auch unsere Gemeinde in Kirchheim, die Ihr in den vergangenen Monaten ein wenig kennengelernt habt; zu dieser Gemeinschaft gehören auch Menschen, die Ihr persönlich nicht kennt, Christen in anderen Kirchen, in anderen Kontinenten; zu dieser Gemeinschaft gehören schließlich auch – und das sollten wir nicht vergessen – die Verstorbenen, die uns im Glauben vorausgegangen sind. Sie alle zusammen bilden die Gemeinschaft Jesu Christi, die Familie Gottes, Eure Schwestern und Brüder. Freunde kann man sich aussuchen, Geschwister nicht. Ein Freundeskreis ist noch keine echte Gemeinschaft. In echter Gemeinschaft leben heißt: weltweit als Geschwister leben in der Teilhabe am gemeinsamen Herrn Jesu Christus, in der Teilnahme am gemeinsamen Tun in dieser Welt, in der Teilgabe zu den Aufgaben, die vor uns liegen.
Gott schenke Euch, daß Ihr in diesem Sinn echte, himmlische Gemeinschaft in Eurem Leben erfahren dürft. Amen.

Laßt uns hinausgehen! (Hebr 13,12ff)

Liebe Konfirmandinnen und Konfirmanden!
Mit dem heutigen Tag sind wir am Ende eines Wegstücks angelangt, das wir in den vergangenen Monaten im Konfirmandenunterricht miteinander zurückgelegt haben, und mit dem heutigen Tag beginnt zugleich für Euch ein neuer Abschnitt dieses Weges. So ist es ganz verständlich, daß wir in diesem Gottesdienst Lieder singen, die diesen Weg beschreiben und deuten, wie das eben gesungene Lied »Nun laßt uns gehn und treten« oder wie das Lied nach der Predigt »Laßt uns gehn in unser Land«. So ist es auch ganz verständlich, daß eingangs KonfirmandInnen und Eltern über Euren Weg zum Erwachsenwerden und über Euren Weg in die Gemeinde hinein gesprochen haben. Und so ist es ganz natürlich, daß nachher auch im Konfirmationsversprechen der Gedanke des Glaubensweges im Mittelpunkt stehen wird.
Auch der Predigttext zum heutigen Sonntag aus dem Hebräerbrief nimmt das Motiv des Weges auf, wenn er sagt: »Jesus hat, damit er das Volk heilige durch sein eigenes Blut, gelitten draußen vor dem Tor. So laßt uns nun zu ihm hinausgehen aus dem Lager und seine Schmach tragen. Denn wir haben hier keine bleibende Stadt, sondern die zukünftige suchen wir.«

Mich erinnert dieser Text ganz deutlich an das schöne Altarbild, das Ihr auf der Konfirmandenfreizeit gemalt habt. Auf diesem Bild habt Ihr Euren Lebensweg gemalt, Euren Weg heraus aus dem Lager vor die Tore der Stadt, Euren Weg aus der Geborgenheit des Elternhauses, heraus aus der Gemeinschaft der Konfirmandengruppe.
Mit der Konfirmation durchbricht Euer Lebensweg Mauern, die Euch einerseits eingeschränkt, andererseits aber auch Sicherheit geschenkt, die Euch einerseits Gemeinschaft gesichert, andererseits andere von Euch ausgeschlossen haben. Mit der Konfirmation geht Ihr aus dem Lager heraus vor die Tore, hinaus in die Unsicherheit eines Lebens mit weniger schützenden und einengenden Mauern. Ihr geht den Weg eines ungeschützten Glaubens.
Aber dieser Auszug aus dem Lager der Kindheit vor die Tore bisher schützender und begrenzender Gemeinschaft wird nicht der letzte gewagte Auszug auf Eurem Lebensweg bleiben. Es werden und müssen weitere Auszüge folgen, wenn dies ein Weg in der Nachfolge Christi werden soll. Ihr werdet hinausziehen müssen aus den zahlreichen Lagern, die wir uns herrichten, um es uns in dieser Welt wohl sein zu lassen, heraus aus dem Lager der Sicherheiten hin zur ungesicherten Feindesliebe, heraus aus dem Lager der evangelischen Kirche hin zur ökumenischen Geschwisterschaft, heraus aus dem nationalen oder westlichen Lager hin zur weltweiten Friedensordnung und eines Tages auch heraus aus dem Lager dieser Welt hin zum himmlischen Reich. Diesen Weg ständigen Aufbrechens aus den Lagern hin vor die Tore der Stadt, hin zu Fremden und Ungeliebten, hin zu den fernen Nächsten, diesen Weg einer völlig entgrenzten Liebe habt Ihr vor Euch, wenn Ihr Jesus Christus folgt, der vor den Toren der Stadt für uns starb.
Daß dies kein leichter Weg sein wird, das wißt Ihr selbst. Deshalb wohl habt Ihr den Weg auf Eurem Altarbild auch mit schwarzer Farbe gemalt. Auf diesem Weg werdet Ihr durch manches finstere Tal wandern müssen. Auf diesem Weg werdet Ihr den Widerstand all jener erdulden müssen, die diese Welt in Lager einteilen, in die Lager der Jugend und der Erwachsenen, in die Lager der Deutschen und der Ausländer, in die Lager der Reichen und der Armen, in die Lager des Westens und des Ostens.
Wer hinausgeht zu Jesus vor die Tore dieser Lager, der muß mit Widerstand rechnen, der muß – wie der Predigttext sagt – bereit sein, mit Jesus die Schmach zu tragen, mit Jesus zu leiden.
An dieser Stelle erinnere ich Euch an einen Menschen, der diesen Weg mit Jesus hinaus aus den Lagern vor die Tore der Stadt wagte, an Dietrich Bonhoeffer. Er begab sich auf den Weg der Nachfolge Jesu, hinein ins Leiden. Er setzte sich dem Widerstand der Machthaber aus. Einen Tag nach dem verunglückten Attentat auf Adolf Hitler, also am 21. Juli 1944, schrieb er: »Ich erinnere mich eines Gespräches, das ich mit einem jungen Pfarrer hatte. Wir hatten uns ganz einfach die Frage gestellt, was wir mit unserem Leben eigentlich wollten. Da sagte er: Ich möchte ein Heiliger werden; das beeindruckte mich sehr. Trotzdem widersprach ich ihm und sagte: Ich möchte glauben lernen. Lange Zeite habe ich die Tiefe dieses Gegensatzes nicht verstanden. Erst später habe ich erfahren, daß man erst glauben lernt, wenn man völlig darauf verzichtet hat, aus sich selbst etwas zu machen – einen Heiligen oder sonst etwas. Erst wenn man darauf verzichtet, wirft man sich Gott ganz in die Arme, dann erst nimmt man nicht mehr die eigenen

Leiden, sondern das Leiden Gottes in der Welt ernst, dann erst wacht man mit Christus in Gethsemane; so wird man ein Mensch, ein Christ.«
Ja, wer seine schützenden Lager verläßt und sich hinausbegibt auf die Kampfplätze der Welt, der steht bei Jesus im Leiden, der ist auf dem Weg der Nachfolge, auf dem Weg des Glaubens. Der geht diesen Weg in entgrenzter Liebe und in fröhlicher Hoffnung. Denn der Weg der Nachfolge ist ein Weg, der zwar durchs Leiden führt, an dessen Ende aber die zukünftige Stadt steht, die allen Menschen Frieden und Gerechtigkeit bringt. Der Weg der Nachfolge führt uns heraus aus unseren Lagern, er setzt uns dem Widerstand der Lagerwächter aus, aber er führt uns zu der künftigen Stadt Gottes. Die Lebenskraft des Blutes Christi treibt uns heraus aus unseren Lagern auf die Kampfplätze dieser Welt, in der Gewißheit, daß am Ende die Stadt, das Reich, die Heimat auf uns wartet. »Wir haben hier keine bleibende Stadt, sondern die zukünftige suchen wir.«
Daß Ihr in dieser Hoffnung leben lernt, das schenke Euch der allmächtige und barmherzige Gott, Vater, Sohn und Heiliger Geist. Amen.

Quellennachweis

Der Verlag und die Autoren danken für die freundlich erteilten Abdruckgenehmigungen.

Bildnachweis

Titelfoto W. G. Höhr, Heidelberg
S. 18 Illustration Thomas Röder, Frankfurt
S. 38/39/40/41 Aus: Abendmahl. Christen mitten unter uns. Religionspädagog. Institut, Rehburg-Loccum
S. 86 Aus: Fundamente. Christsein heute. Schriftenmissions-Verlag, Neukirchen-Vluyn 1981
S. 102 Weihnachtsplastik aus dem Diakonissen-Mutterhaus, Bad Kreuznach
S. 103 Rechte: Berliner Missionswerk, Berlin
S. 104 Missio Kunstkalender 1981 Alaska. Zeichnungen von Agnes Nanogak. missio aktuell Verlag, Aachen 1980
S. 104 Aus: Berichte der VEM, 12. Jg. 1976. Essen 1H5198E.
S. 105 Claudio Pastro, Sao Paulo, Madonna, auf Leder geprägt. Rechte: Comunione e Liberazione, Forli
S. 116 Aus: Gesthuisen/Jerman, Die eine Welt. edition dragon, Moers
S. 132 Versöhnung (Linolschnitt), aus: Azaria Mbatha, Im Herzen des Tigers. Verlage: Vereinigte Evangelische Mission und Peter Hammer, Wuppertal

Liednachweis

S. 19 Text und Melodie: Kurt Rommel, aus: Sieben Leben möcht ich haben. Christophorus-Verlag, Freiburg und Verlag Ernst Kaufmann, Lahr
S. 23/24 Text: U.G. Fick. Melodie: G. Kloft. Rechte: Ton- und Bildstelle für die EKHN, Frankfurt 1976
S. 25/26 Text: Kurt Rommel 1967. Melodie: Herbert Beuerle 1968. Aus: Gott schenkt Freiheit. Burckhardthaus-Laetare Verlag, Gelnhausen 1968
S. 42 Text: Gerhard Valentin 1969, nach Simon Jelsma »Alle mensenluistert«. Melodie: Wim ter Bur 1966/75. Aus: Schalom – Ökumenisches Liederbuch. Burckhardthaus-Laetare Verlag, Gelnhausen
S. 66 Text: Psalm 23,1. Melodie: Herkunft unbekannt. Aus: Mein Kanonbuch. tvd-Verlag, Düsseldorf 1986
S. 80/81 Text: Hans-Jürgen Netz. Musik: Peter Janssens, aus: Ich suche einen Sinn heraus. Peter Janssens Musik Verlag, Telgte 1975
S. 89/90 Text und Melodie: Hoffmann/Mausberg/Norres/Schuhen. Aus: Liedmesse für die Osterzeit. © Edition Werry, Mülheim/Ruhr
S. 92/93 Text: Sibylle Fritsch-Oppermann. Melodie und Satz: Fritz Baltruweit, aus: Fürchte dich nicht. Lutherisches Verlagshaus, Hannover. Rechte (Text): Hänssler Musik Verlag, Kirchheim/Teck, (Melodie und Satz): beim Urheber
S. 100 Text: Jochen Riess. Melodie: Matthias Nagel. Rechte: Hänssler Musik Verlag, Kirchheim/Teck
S. 101 Text: Diethard Zils. Melodie: Spiritual. Aus: In dieser Nacht, BE 808. Gustav Bosse Verlag, Regensburg
S. 107 Text: M. Scouarnec. Musik: Jo Akepsimas. Übersetzung: Diethard Zils. Aus: Mein Liederbuch, 1981. Rechte für Text und Musik: Verlag Editions Musicales, Paris. Rechte für die Übersetzung: tvd-Verlag, Düsseldorf
S. 110 Text: Peter Horst, Ludwig Keller. Melodie: Ludwig Keller
S. 127 Text aus Lied 196 in Dieter Trautwein, Komm, Herr, segne uns. Burckhardthaus-Laetare Verlag, Offenbach 1988
S. 134/135 Text und Melodie: Zofia Jasnota. Entnommen aus: Jugendkreuzweg 1982

S. 136 Text: Norbert Weidinger. Musik: Ludger Edelkötter. Alle Rechte im Impulse-Musikverlag, Drensteinfurt
S. 139 Text: Peter Horst und Ludwig Keller. Melodie: Ludwig Keller. Burckhardthaus-Laetare Verlag, Gelnhausen
S. 146 Wie ein Tropfen auf dem heißen Stein. Text: Hans-Jürgen Netz. Aus: Ehre sei Gott aus der Erde. Rechte: Peter Janssens Musik Verlag, Telgte 1974

Textnachweis

S. 13 Aus: Songs junger Christen II. Pila-Music, Dettenhausen
S. 27 Text: Dieter Trautwein. Burckhardthaus-Laetare Verlag, Gelnhausen
S. 27 Aus: Jörg Zink, Wie wir beten können. Kreuz Verlag, Stuttgart 1970
S. 35/47/52 Lothar Zenetti, in: Sieben Farben hat das Licht und in: Texte der Zuversicht. J. Pfeiffer Verlag, München
S. 114/116/117 Uwe Seidel, aus: Tagebuch für Konfirmanden. tvd-Verlag Düsseldorf 1987
S. 125 Nach M. Fischer, Niedergefahren zur Erde, 62ff